U0936833

珍藏本·增订本
纪念版

汉译世界学术名著丛书

论马克思主义经济学

〔英〕琼·罗宾逊 著

邬巧飞 译

Joan Robinson

AN ESSAY ON MARXIAN ECONOMICS

本书根据麦克米伦出版公司圣马丁出版社 1966 年版译出

First published in English by Palgrave Macmillan, a division of Macmillan Publishers Limited under the title An Essay on Marxian Economics by Joan Robinson. This edition has been translated and published under licence from Palgrave Macmillan.

汉译世界学术名著丛书
（120年纪念版·珍藏本）
增订本出版说明

2017年10月，为纪念商务印书馆创立120周年，本馆推出“汉译世界学术名著丛书”（120年纪念版·珍藏本），计七百种。近五六年来，仰赖学界同人倾力支持，订正旧译，增补新译，拓展新著，积累日多。为满足读者需要，本馆在七百种的基础上，继续推出“汉译世界学术名著丛书”（120年纪念版·珍藏本·增订本）三百种。至此，“汉译世界学术名著丛书”累计出版已达千种。

今后，本馆将继续推进丛书的翻译出版工作，在积累单本名著的基础上陆续分辑刊行，汇印出版。为促进中外文明互鉴、推动我国学术发展，使“汉译世界学术名著丛书”这项对我国学术文化有基本建设意义的重大工程发挥更大作用，诚望海内外学术界、翻译界继续给予支持，帮助我们把这套丛书出得更好。

商务印书馆编辑部

2024年2月

汉译世界学术名著丛书
（120 年纪念版·珍藏本）
出版说明

2017 年 2 月 11 日，商务印书馆迎来 120 岁的生日。120 年前，商务印书馆前贤怀揣文化救国的理想，抱持“昌明教育，开启民智”的使命，立足本土，放眼寰宇，以出版为津梁，沟通中西，为中国、为世界提供最富智慧的思想文化成果。无论世事白云苍狗，潮流左右激荡，甚至战火硝烟弥漫，始终践行学术报国之志，无改初心。

逐译世界各国学术名著，即其一端。早在 20 世纪初年便出版《原富》《天演论》等影响至今的代表性著作，1950 年代后更致力于外国哲学和社会科学经典的译介，及至 1980 年代，辑为“汉译世界学术名著丛书”，汇涓为流，蔚为大观。丛书自 1981 年开始出版，历时三十余年，迄今已推出七百种，是我国现代出版史上规模最大、最为重要的学术翻译工程。

丛书所选之书，立场观点不囿于一派，学科领域不限于一门，皆为文明开启以来，各时代、各国家、各民族的思想与文化精粹，代表着人类已经到达过的精神境界。丛书系统译介世界学术经典，引领时代思想，为本土原创学术的发展提供丰富的文化滋养，为推动中国现代学术和现代化进程做出了突出的贡献。

为纪念商务印书馆成立120周年，我们整体推出“汉译世界学术名著丛书”120年纪念版的珍藏本，寄望既利于文化积累，又便于研读查考，同时向长期支持丛书出版的译者、编者和读者致以敬意。

两甲子后的今天，商务印书馆又站在了一个新的历史时间节点上。我们不仅要铭记先辈的身影和足迹，更须让我们的步伐充满新的时代精神。这是商务人代代相传的事业，更是与国家和民族的命运始终紧密相连的事业。我们责无旁贷，必须做好我们这代人的传承与创造，让我们的努力和成果不仅凝聚成民族文化的记忆，还能成为后来人可以接续的事业。唯此，才能不负前贤，无愧来者。

商务印书馆编辑部

2017年10月

目　　录

第二版序言

在这本书出版后的25年里，关于它所讨论的问题，无论是在学院派还是在马克思主义者方面，都有很多争论。那时候，我在英国的大多数同事都认为，研究马克思是一种离奇的消遣（尽管凯恩斯反感马克思的著作，他还是很友善地接受我的文章），而且在美国这被看做是不体面的。在另一方面，对大师的任何批评都被认为是对他的不尊敬，而且试图用学院派的方法来分析他的问题，是无用的。

现在学院派对静态分析已经没有耐心，增长和发展的经典问题又重新流行起来，这唤起了他们中间的古典经济学家和马克思的兴趣。马克思主义者，站在他们那边，现在愿意承认学院派分析的某些部分能够从不被接受的思想中分离出来，并且应用于实际问题。

我开始阅读《资本论》，正如一个人阅读任何一本书一样，试图去探究里面到底有些什么。我发现了他的追随者和反对者都没有准备好让我有期待。皮埃罗·斯拉法（Piero Sraffa）取笑我，并且说我把马克思看做是卡莱茨基的一个鲜为人知的先驱者。在某种意义上，这不是一种玩笑。在《资本论》中，有很多关于有效需求理论的指针。在凯恩斯和卡莱茨基从大萧条的残酷教训中学到这一点之前，马克思的门徒本可以解决这个问题，但他们没有这么做。英国的自称马克思主义者用金融口号来迎接《就业、利息和货币通论》。而马克思的“凯恩斯主义”元素是鲜为人知的。

学院派甚至没有假装理解马克思。在我看来，除了偏见，19世纪形而上学的思维习惯为他们制造了一道屏障，这对成长于意义探讨的一代人来说是陌生的。因此，我试图把马克思的观点翻译成一个学者能理解的语言。这使自称的马克思主义者感到困惑和愤怒，对他们来说，形而上学本身是珍贵的。

现在翻译的任务比那时候要容易多了。

一

剥削。对马克思自身来说，剥削理论，也就是工资和利润之间工业净生产物的分配理论，从商品价格相对论的意义来说，产生于价值理论。两者之间的联系是一个巨大的混乱来源。

为了把它们分开，考虑一个由资本家和工人组成的经济（土地是免费的），他们唯一的产品是李嘉图的“玉米”。商品没有价格，因为只有一种商品。这个制度中唯一的价格是劳动时间的玉米价格——实际工资率。产品的生产技术条件决定了人均年净产值，也就是说，收成减去种子玉米再除以被雇佣的人的数量。玉米的工资率决定了每个被雇佣的人的利润。利润或剩余与工资的比率就是剥削率。资本的利润率同时是确定的。保持资本不变的雇主将收成分成两部分：其中一部分是为来年囤积种子玉米和工资，取代过去一年已用完的存货，另外一部分是他可以消费的收入，包括公务员、牧师、娼妓等非生产性劳动者的消费支付。这个收入与库存的比率就是利润率。

现在看来，其实这种分析显然不会因为允许各种各样的商品存在而受到影响。商品可以按照价格出售，这使得所有的资本都有一个统一的利润率。这提出了计算净产值和资本存量的几个难题，因为相对价格会随着实际工资率的变化而变化，但它不会改变争论的主线。

所有关于价值和价格的混乱允许学院派规避了对于剥削的深入分析，这是马克思从李嘉图那儿得来的。同时，它向马克思主义者掩盖了一个事实——即他们没有形成一个他们自己的明确的分配理论。

马克思放弃了以玉米为基础的最低生活标准，这是李嘉图体系的关键，并且允许对实际工资进行模糊的历史判断。当资本家首先侵入工匠和农民经济的时候，他们必须支付一份工资，或多或少能维持惯常的生活标准。此后，在《资本论》第一卷中，劳动力后备军的存在，使工资水平或多或少保持不变，尽管当资本积累超过可用劳动力的增长时，可能会出现工资上涨的阶段。但在《资本论》第三卷中，在利润率下降的情况下，我们遇到了不变的剥削率和不断提高的生产力。在第一卷中，节省劳动力的技术进步往往会提高剥削率，并可能降低工资率，因为它减少了对劳动力的需求。在第三卷中，它使剥削率或多或少地保持不变，使资本利润率受到挤压。在第一卷中，工资水平的变动取决于资本家和工人之间的相对议价能力以及权力的政治平衡。在第三卷中，固定剥削率没有得到解释，并且实际工资水平不断上升的事实没有被注意到。当我第一次阅读《资本论》时，我感到非常震惊。既然已经澄清了这一点，从那以后我再也没有讨论和争论过了。

这两种情况在现实生活中都会遇到。在现代工业化国家，剥削率相当稳定，实际工资水平通常随着技术进步提高生产力而上涨，而第一卷中描绘的图景大致符合许多不发达经济体的情况。这是马克思方法的一大优点，它有助于历史解释，不同于一些学者的机械平衡理论，但马克思主义的原教旨主义者相信工人们的痛苦与日俱增，同时利润率的下降也引起了很多混乱。

相对价格。某一特定商品的产出的价值是制造它所需劳动力的净产出（与连同剩余一起的工资单相符），加上在生产过程中消耗的原材料的价值和更换所涉及设备的折旧价值，全部表示为劳动时间的数量。马克思对资本主义展开了分析，宣称商品通常以与其价值成正比的价格进行交换。对他来说，这是整个问题的重要线索。

如果价格与价值成比例，则对所有商品来说，它们的劳务输出工时的净销售收入是统一的，因此，按统一的工资率，利润与工资的比例是一致的。马克思不知道李嘉图的困难，即由于技术上的原因，不同的商品需要不同的资本对劳动的比率，并且资本家之间的竞争倾向于建立价格，使得资本获得统一的利润率，以至于利润与工资的统一率无法获得。但他显然觉得，在某种意义上，价值规律仍然是一样的。

这个古老的谜题现在已经被斯拉法《用商品生产商品》一书的出版给澄清了，价值转化成价格的著名问题已经解决了。在一定的技术条件下，每一种利润率都有对应的价格模式。当利润率为零时，价格与价值成比例。（顺便说一下，凯恩斯在阅读拙著时向我指出了这一点。）

在相应的利润率之下，只有当所有商品的资本与劳动力的比率相等时，价格与价值才会成比例。有时，在第一卷中，马克思打算假定这种情况。如果是这样，李嘉图的困难就被排除在外了。这似乎支持了我的论点，即总的剥削率一定，相对价格不会特别令人关注。

作为一个历史过程，制成品的价格随着资本主义逐渐征服小农经济和工匠经济而发展起来。首先，必须支付的工资水平是由工匠的收入水平决定的，而商品价格受到手工艺品价格的限制。资本主义企业工人的人均产出水平越高，其利润在产值中所占的份额就越大。本苏珊·巴特（Bensusan Butt）教授首先提供了一个模型，在这个产品中资本主义相对于手工业生产的优势最大，并且资本主义在攻击下一个之前吞并了所有。因此，在任何时候，资本主义部门的利润率是统一的，并且随着时间的推移而下降。但从历史上看，资本主义一下子就攻击了几个要点。每种商品首先都有自己的剥削率和利润率。竞争就开始运行使得利润率均衡。没有理由假定任何剥削率将被均衡化的趋势，使得价格与价值成比例。

作为一个合乎逻辑的过程，每个商品利润与工资的比率，在利润率已知时能够计算出来。转变是从价格到价值，而不是另一种方式。

因此，尽管冒犯了很多人，我还是不能收回第三章结尾处的评论。价值概念在我看来是一个形而上学概念如何激发原始性思想的显著例子，虽然它本身是缺乏操作意义的。

不变资本和可变资本。在上面描述的固定的玉米经济中，工资总额，也就是工人在玉米上面花了一年多时间的工资，与工资基金是相同的，也就是说，玉米周转库存的一部分，在每一次收成后重新出现，足以取代去年发放的工资。马克思明确地表示，在这样的生产期，工资总额和工资基金是相等的，并且用一个符号 v 来表示它们两者。他把工资基金称为可变资本，因为它是用于购买当前劳动时间的资本部分，与原料和设备相反，它能够创造价值，它传递给当前的产量并且只有当它们生产时，它们的价值才是恒定的。

可变资本与不变资本的区别，对马克思来说有重大意义，这属于其思想的形而上学层面。此外，分析水平似乎存在一些混乱。玉米在它的方面就像工资单一样，允许资本家雇佣活劳动，并从生产中提取剩余物。工资基金之所以重要，仅仅是因为它允许他支付工资总额。资本家可以提取剩余物，因为当他组织劳动时，人均产量超过工资，取代了玉米种子。当他提供机器时，人均产量会更高，他可以提取的剩余物从而也增加了。他的全部资本，不仅仅是工资基金，都是在剥削的过程中进行的。

我们可以通过提供更多的符号来改进分析方法。让我们用 v 来代表工资单（用任何合适的单位），用 V 来表示工资基金；用 c 来表示原料和设备的折旧，以及用 C 来表示现存的资本量，不包括工资基金。因此，$C+V$ 就是资本量，$c+v+s$ 就是年总产值。$v+s$ 就是净产值；那么，$\frac{s}{v}$ 就是剥削率；$\frac{s}{(C+V)}$ 就是利润率。似乎没有任何方法可以写第三种比率——资本有机构成，这是有意义的，因为不管是$\frac{c}{v}$还是$\frac{C}{V}$都不符合它表达出来的思想。然而，很清楚的是，当马克思谈论资本有机构成时，他心中所想的是体现在资本货物存量的过去劳动时间和目前雇佣的劳动时间之间的关系上。作为产品的技术描述，这种关系具有生产的方面，以及金融的方面——资本价值，按人均购买力计算商品的购买力。

马克思的概括，即作为一个历史的过程，资本有机构成会随着资本主义发展而提高，这意味着按当前劳动力单位的劳动时间计算的资本往往会增加。这相当于说技术进步有一个资本的使用偏好，因此，当利润率不变时，利润在产出中所占的份额趋于上升。

同样，当利润的份额是恒定的（剥削率不变），利润率趋于下降。

为了获得资本使用偏好的积累是否存在主导的倾向，以及什么时候存在，利润份额或利润率是否更接近于保持不变，这是历史事实的问题，而不是逻辑的必然性。就证据而言，似乎并没有表明，在发达的工业经济体中，资本使用方面存在着明显的、不断积累的偏向。当然，在资本主义侵入小农经济时，它引入了资本使用的技术。但是，在同样的过程中，它减少了就业，提高了人均产量，这样一来，剥削率就提高了，没有理由指望资本利润率会下降——而是恰恰相反。

二

这些要点与马克思的分析方法有关。我们现在可以转向更广

泛的主题。

就业与工资。人们普遍认识到，由于有效需求(通常被称为“凯恩斯主义”)的失效而引起的失业，必须区别于非就业(通常被称为“马克思主义”)，它产生于可供给的劳动力增长超过资本主义经济所提供的就业岗位数量的时期。马克思认为，劳动力的供给是由农民和工匠经济的毁灭所造成的。在他想要打击马尔萨斯反动观点的焦虑中，他拒绝承认人口数量的快速增长对工人阶级的利益有害。这似乎是一种失常，不符合他的理论主线。

人们现在也认识到，在发达的工业经济中，对货币工资率的正面攻击不能有效地降低剥削率(利润在净产值中的份额)，因为利润率一般只是通过按比例提高货币价格来维持的。另一方面，为了取消斗争并保持货币工资率不变，很可能要允许剥削率上升，因为货币价格将差不多保持不变，而由于技术进步，成本逐渐下降。(不完全竞争不能依靠限制利润——相反，它填补了销售成本和各种广告的缺口。)这种利润增长对资本家来说是不健康的，因为它与限制工人的购买力相关，所以有效需求并不能扩大生产能力。因此，工会的斗争，虽然它们没有成功地减少相对份额的利润，但将资本家从增加它的不良影响中挽救出来。

在这些问题上，进一步的讨论和经验似乎证实了我在文章中要表达的观点，但在我看来，我现在用的是一种非常狭隘的方式。马克思在描述扩张时期的资本主义。当我写这篇文章时它已经过了顶峰，从那时起，它的作用范围就急剧缩小了。社会主义已经存在，没有像马克思预测的那样，从成熟的资本主义内部解体，而是从外部解体。

熊彼特在《资本主义、社会主义与民主》（在我的文章之后出版）中写道："必须记住，布尔什维克征服统治所有伟大国家中最落后的国家，不过是侥幸而已。"我当时评论道："也许是。但在这种情况下，例外似乎比规则更重要。谁知道现在战争结束后会发生什么事情？"在选择社会主义制度的国家和部分国家中，肯定存在一些地理的偶然因素，但显然存在着一种潜在的模式。从工业发展的角度来看，它们过去是最落后的，这并非偶然。与此同时，资本主义似乎正在享受第二次生机，剥削不再成为增加苦难的原因。相反，它在世界上享有特权地位，使工人阶级成为保守的力量而不是革命力量。当然，痛苦是不断增加的，但它是在社会主义和资本主义轨道之外增加的，在那里，现有的劳动力增长速度超过了剥削的程度。

世界图景已经从马克思的论证框架中溜了出来。但是，他过去提出的问题今天仍有意义，而学者们继续详尽地阐述着琐碎的话题。

三

利润率和剥削率。我对正统利润理论所做的解释，或者更确切地说，是在静止状态的情况下缺乏理论的解释，受到肖夫·杰拉尔德的挑战。[1] 他坚持认为，马歇尔把"正常利润"的目标看作与稳定的、预期的增长率相一致的利润率。利润异常是由于特定商

① 《罗宾逊论马克思主义经济学》，《经济学杂志》，1994 年 4 月，第 60 页。

品需求增长的意外变化引起的。对马歇尔的解读当然和静态解读一样可信。马歇尔的问题是，他希望我们同时相信这两个方面；对于这两个方面，他没有给出一致的解释，即决定“正常”利润率的是什么。维克塞尔十分坦率地承认，他还没有找到一个令人满意的理论。当代新新古典主义(在美国占主导地位的学派)已经打破了静止状态，并且把积累看成是正常的，但他们使自己陷入和旧的新古典主义试图定义独立于利润率的一定数量资本一样的泥潭中。这似乎只是逻辑推理的一个主题，但它的根源在于旧的形而上学问题，即“资本”是否和劳动一样产生价值。

理论学派的凯恩斯学派发展出一种与马克思扩大再生产计划密切相关的利润率理论。当所有储蓄都来自利润时，工人的支出就包括了工资支出。任何时期的净利润等于净投资加利润之外的消费。净投资与资本价值之比是积累率。由此可见，利润率等于积累率除以储蓄与利润的比率。积累率是由资本家的精力决定的(按照马克思的观点)。当劳动力增长得不够快，不足以容纳他们想要实现的积累时，技术进步就补充了这一点。因此，尽管没有必要，资本主义有可能以持续的利润率享受长期持续的增长。

这提供了一种以前缺乏的利润率理论，但争论仍然是肤浅的。如果某些更深层次的经济关系决定了剥削率，资本家的积累和消费要受到它的限制。利润率，正如马克思所说，是竞争对制度产生大量利润分配的结果。

关于工业产品中，工资和利润的持续相对份额的著名谜团现在看来并不特别神秘。工会在社会立法的支持下反对垄断的均等势力，这使得力量均衡甚至公平。两党都不能成功地增加其相对份额，虽然或多或少中立的技术进步使得或多或少固定的剥削率能够与长期稳定的利润率相一致。

但是，当我写这篇文章时，相对份额在世界范围内是统一的观点已经十分流行，不过这一观点似乎是错误的。联合国经济和社会事务部发表了一项非常有趣的调查[①]，在学术界宣传很少，它显示了制造业净产值的工资份额的不同，在尼加拉瓜和哥斯达黎加等国不到 25%，在澳大利亚、斯堪的纳维亚国家、英国和美国超过了 50%，而在意大利和日本这样的国家，大约是 40%。这些数字当然表明，相对份额的线索在于议价能力，而非资本对劳动的比率。

四

社会主义制度下的价值。除了剥削理论和相对价格理论外，复杂的价值观念中还有第三个要素，也就是说，理想的公正价格——对工人来说，接受他生产出来的价值是正确和合理的。在资本主义制度下，这是不可能的，因为资本家必须从他身上榨取剩余，但是，在社会主义条件下，价值规律就会发挥它的作用，因为马克思期望在资本主义完成了历史性的积累任务之后，社会主义能够建立。他假定一些投资仍将在社会主义下进行，但这对他来说似乎并不特别重要。事实上，在不发达的经济体中，社会主义被敌人包围着。为了实现工业化和加强国防，它没有能力将多余的资

① 《产业增长模式》，1938 至 1958 年(1960)。

金分配给工人，而是被迫挤出更多的资金。

苏联经济学家觉得有必要就价值问题进行争论，但他们并没有使它成为可理解的东西。在所有的社会主义国家中，农业的大部分都在农民或合作社手中，这与农民经济有着共同的特点，即一群工人的收入取决于分配给他们的特定土地的产量。农业工人的货币工资率，即合作社劳动日的货币回报，取决于该农场产品的价格。价格不可能从价值中派生出来。

公平原则表明，农产品价格与工业的货币工资率有关，应该将两部门之间的实际收入均等。在实践中，公平已被政治必要性压倒。即使原则上可以接受，也不容易看出它意味着什么。这两组家庭的生活方式是完全不同的，他们所需要的努力也是不同的。如何评估“同工同酬”？当一个经济体发展到足以提供给个人职业选择时，有必要使农村生活有足够的吸引力，使农业劳动力保持充足。然后，公平原则就会归结为供给价格的原则。

还有另一个困难。由于生育率、气候、市场便利等方面的差异，有些地区的收入比其他地区更容易获得。公平和效率都要求从农民中提取级差地租，并支付给国民经济。这在原则上开始得到承认，但在实践中执行起来并不容易。

在社会主义经济部门，货币工资率和生产技术水平决定了货币的成本。向公众出售的商品价格的总体水平，必须有足够的盈余，用来提供从事投资、免费社会服务、国防和行政等工作的工人的收入。关于价值规律的争论是关于如何在商品之间分配剩余的问题。（无论是通过税收还是计划的利润征收，都是行政上的便利而不是经济原则。）如果每一个企业，在生产的各个阶段，都要按其工资单缴纳统一的税，并且每一阶段的价格等于成本，包括税，最后的价格与价值成比例，没有发现这样的制度是被接受的。社会主义经济学家中一些想成为改革者的人主张建立马克思的生产价格体系，这是一种以资本投资的统一利润率形式收集剩余的制度。这不符合学术教义。在竞争理论中，预期利润支配投资决策，但是一旦投资完成，过去的事情就过去了，边际成本而非平均成本就开始发挥作用了。它似乎也不向自然正义提出建议。例如，为什么国防费用要从不同商品的消费者身上按资本投资的比例征收呢?

无论如何，哲学上的讨论是完全离题的，因为任何基于成本的价格体系都不会证明是可行的。在任何实际情况下，特定商品的生产能力是有限的。当货物通过市场机制分配，而不是通过限量供应或排队等候的方式，价格模式必须达到这样的程度，使得公众购买可用的商品。主要的原则必须是在供求之间取得平衡。社会主义经济在这方面付出了惨痛的代价。

价格不仅具有向消费者分配货物的功能，还可以作为生产者效率的指示器。在每一条线上都有低成本和高成本的生产者，他们没有自己的优点或缺点，有些工厂的设备更好，有些矿山更容易开采等等。为了提高效率，计划的利润对低成本企业来说不太容易实现，对高成本企业来说也不是没有希望的。成本应以高效率的高成本企业为基础，并根据其差别优势对低成本企业收取租金。

在这里，学者们可以对马克思提出一个观点，他总是以平均成本计算，因为在这一点上，边际成本原则或者说边际成本符合常识。

我对这个问题的看法现在显得很老套(第三章附录)，因为在社会主义条件下，物价政策已经积累了很多经验。

当前欧洲的几个社会主义国家，在迅速积累的过程中，发现这种制度发展得不适宜于它们现在已经达到的潜在富裕阶段，它们试图将市场经济的一些特点纳入计划。同时，资本主义经济发现，不能依赖自由企业生产令人满意的结果，正试图将计划的一些特征引入其市场经济中。

双方都迫切需要对价格理论进行彻底地反思。

琼·罗宾逊

1965 年

前言

这篇文章的主要目的是把马克思《资本论》中的经济分析和现在的学院派教义进行比较。从某种意义上说，这种比较是一种时代错误，因为马克思思想的发展是为他同时代人的争论所影响的，而不是为和我同时代人的争论所影响的。但是，如果我们关心的是它将来可能的发展，而不是经济学说的历史演进，那么就应当做这种相关的比较。

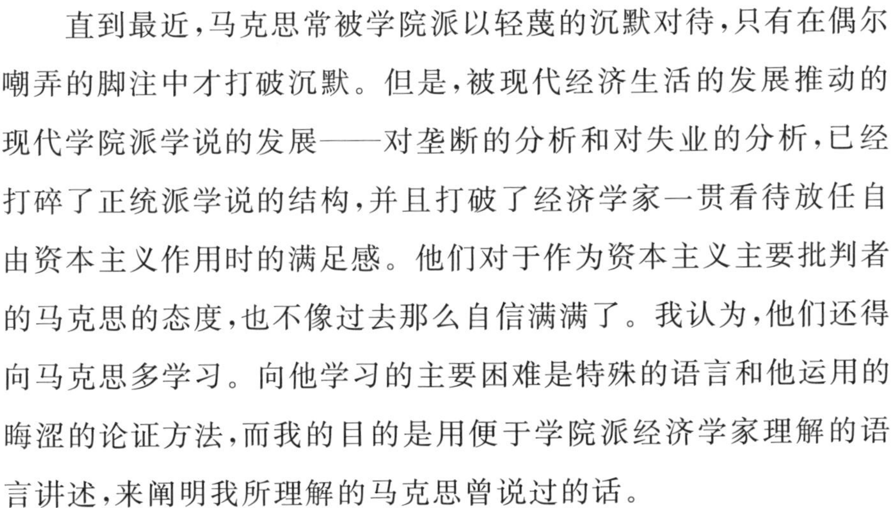

直到最近，马克思常被学院派以轻蔑的沉默对待，只有在偶尔嘲弄的脚注中才打破沉默。但是，被现代经济生活的发展推动的现代学院派学说的发展——对垄断的分析和对失业的分析，已经打碎了正统派学说的结构，并且打破了经济学家一贯看待放任自由资本主义作用时的满足感。他们对于作为资本主义主要批判者的马克思的态度，也不像过去那么自信满满了。我认为，他们还得向马克思多学习。向他学习的主要困难是特殊的语言和他运用的晦涩的论证方法，而我的目的是用便于学院派经济学家理解的语言讲述，来阐明我所理解的马克思曾说过的话。

同时，我相信现代学院派经济学对马克思主义者也做出过一些贡献。首先，用更加准确和细致的现代分析方法重新考虑马克思的论点，澄清了其理论中令人费解的地方，而且有助于揭示它的优点和不足。其次，在有效需求分析——就业理论中，现代经济学家为研究资本主义运行规律提供了基础，这个理论被马克思所揭示，但没有被充分发展。此外，双方如果不是沉湎于无知的谩骂中，一定能够从他们试图理解相互之间的批评中有所得益。

我把我的论点局限于马克思狭义的经济分析，不想涉及构成马克思学说最重要部分的历史学和社会学的广泛论述。这种专门的探讨是不自然的，而且，没有整体掌握就不能很好地理解马克思论点的特定方面。但同时，对特定方面的细致研究仍然是有用的，并且，我选择讨论的方面是整个发展中最为重要的一个方面。

《资本论》的第一卷由马克思于 1867 年刊行。1883 年，他去世之后，恩格斯编辑了剩下两卷的手稿，其中一部分是已完成稿，另一部分是未完成的或重叠的草稿。第二卷于 1885 年刊行，第三卷于 1894 年刊行。

《资本论》中有大量的重复，我所引证的某一段，大致是在谈到的同一论点的很多段中任意选择的。这些引证的目的是作为我诚信的担保，而不是作为阅读《资本论》的指南。我所引证的是 1920 年由 Glaisher 公司出版的《资本论》第一卷，1907 年由 Swan Sonnenschein 公司出版的第二卷和 1909 年由 Kerr 公司出版的第三卷。

我非常感谢罗士巴斯（E.Rothbarth）先生的许多有益的商讨

和批评。

琼·罗宾逊

1941 年 9 月于剑桥

附记

我对本书第一版的原文做了少量的修改。唯一重大的修改是在第三章的附录中,那里我原来的论点中有一处错误。

琼·罗宾逊

1946 年 11 月于剑桥

第一章　绪论

马克思主义经济学与传统的正统派经济学之间的根本区别在于，首先，正统派经济学家把资本主义制度看做是永恒的自然秩序的一部分，而马克思则把它看做是从过去的封建经济过渡到未来的社会主义经济中的一个短暂阶段。其次，正统派经济学家主张社会的不同部门之间利益的调和，而马克思认为，在经济生活领域中，不从事劳动的财产所有者和不占有财产的劳动者之间存在利益冲突。这两种不同的观点不是没有关联，因为，如果资本主义制度被认为是理所当然的，而且各阶级在社会产品中的分配份额由无法改变的自然法则决定，那么各方在要求增加分配的总额上就会达成一致。但是，如果有改变这种制度的可能性，那么，那些希望通过改变而获得好处的人和那些害怕因改变而遭受损失的人，就会立刻站到相对立的阵营中去。

总体而言，正统派经济学家认同这个制度并且承担起辩护人的角色，而马克思为了加速推翻这个制度而致力于了解资本主义的运行。马克思对他这个目的是自觉的。经济学家们总的来说是不自觉的。他们之所以那样写，是因为在他们看来那是写作的唯一可能途径，而且，他们相信自己具有科学的无私性。与其说他们的先入之见体现在明显的政治学说上，还不如说体现在他们喜欢研究的问题和据此进行研究的假设上。

既然他们相信自己是在追求永恒的原理,他们就很少关注实际形势的历史特征,尤其是他们倾向于用平等的小有产者社会的经济学来分析先进的资本主义。因此,正统派的竞争观,势必要求每个市场的每种商品由许多按照个人主义方式行动的生产者供应,他们不会受公开的共谋约束,也不会受不自觉的阶级忠诚约束;正统派的竞争观还要求任何个人可以自由进入他感兴趣的任何活动。而从这样一个社会产生出来的规律,适用于现代工业和现代财政。

此外,他们倾向于运用劳动的边际负效用均衡化的正统派工资观来研究现代劳动市场。这种观点来自于这样的画面:夜晚时一个自耕农靠在他的锄头上,正在想额外劳动一小时获得的产品是否能够补偿额外劳动引起的背痛。而在现代劳动市场中,单个劳动者除了工作或挨饿外没有其他选择的机会。

正统派经济学家专心投入次要问题的精心阐述,这使他们的学生较少关注与他们志趣不相投的现代世界的实际情况。而且,他们抽象论证的发展远远超出了用实证检验的任何可能性。虽然马克思的知识工具比他们的要粗略一些,但他的现实感更强烈。而且,马克思的论证因其简洁实用,远远胜过他们错综复杂的解释。

马克思认为,资本主义制度是在完成发展联合劳动和专门化劳动的生产力这一历史任务。为了攫取养分,资本主义制度从欧洲的诞生地开始把触角伸向了全世界。它促成了资本积累,发展了生产技术,并且通过这些途径使人类财富提高到小农经济、封建经济或奴隶经济时期做梦都达不到的高度。

但是，在资本主义制度强制之下创造物质财富的工人，并没有从生产力的提升中获得任何利益。所有的利益都被资本家阶级攫取，因为大规模企业的效率压垮了农民和手工业者的竞争，并且迫使那些没有足够财产加入到资本家行列的人，不得不仅仅为了获得生存手段而出卖他们的劳动力。资本家对工人做出的任何让步，就好比是农场主给他的牲畜做出的让步——把它们喂得饱一些，使它们可以做得更多。

生存竞争把工人联合起来，使他们处于有产阶级的对立面，而资本集中在技术发展促成的规模日益庞大的公司手里，它使资本家转而采取反社会的垄断手段。

但是，资本主义制度受到的谴责，不仅仅因为道德层面的令人厌恶决定了它最终覆灭的必然性，也不仅仅因为工人想要从劳动产品中获得应得那一份的决心。这个制度蕴含着必然会导致它崩溃的内在矛盾。马克思把商业循环的周期性危机，看做是切中资本主义制度要害的根深蒂固而又不断蔓延的弊病的征兆。

马克思时代以来经济分析的发展，促使我们去发现马克思危机理论中三条清晰的思想线索。首先，失业劳动后备军理论，它表明失业是如何随着对工人提供就业机会的资本量和可使用的劳动供给量之间的关系而变动的。其次，利润率下降理论，它表明资本家积累的贪欲如何因为资本的平均回报率降低而陷入自相矛盾。第三，生产资料工业与消费资料工业之间的关系理论，它表明日益增长的社会生产力冲击着工人的贫困所规定的消费力的极限。

在马克思心中，这三种理论是没有区别的，并且是融合在这个制度的一幅图景中，这个制度因为其本身固有的矛盾而遭受折磨，并产生了自我崩溃的条件。

同时，对马克思不大关注的学院派经济学家，由于现代社会的经验驱使，他们对正统派经济学家的辩解提出许多质疑。而且，学院派学说最近的发展使他们的见解在某些方面比他们的前辈更接近于马克思的见解。现代的不完全竞争理论，虽然在形式上完全不同于马克思的剥削理论，但是却颇为近似。现代危机理论，在很多论点上接近于上文指出的马克思论述这个问题的第三条论证线索，与第一条论证线索也有相似的地方。只有第二条论证线索——利润率的下降，看起来混乱且多余。

总的来说，马克思思想的迷人性，使它在这个令人困扰的时代里，比正统派学者的儒雅自满更加具有现实性。但同时，马克思也比他们更加鼓舞人心，因为他从潘多拉盒子里释放出恐惧的同时也释放出希望，而正统派则宣扬黯淡的学说，即：在尽善尽美的世界里，一切都做了最好的安排。

虽然马克思在很多方面比正统派经济学家更能引发现代人的共鸣，但也没必要像很多人力图做的那样，把他变成一个有灵感的先知。他自认为是一个严肃的思想家，而我也力图在以下各章中把他当做一个严肃的思想家来看待。

以下五章的内容涵盖了从一个现代学院派经济学家的观点来看马克思观点的梗概。第七章把他的学说同正统派的学说进行比较。论述就业理论和不完全竞争理论的第八章和第九章表明，现代学院派教义离开正统派朝着马克思的方向转移。论述工资的第十章，讨论向相反方向转移的问题，所以从现代观点来看，那时马克思似乎是属于正统派阵营的。第十一章简单列举所有三派遗留下来没有解决的问题。

第二章　定义

马克思把工业的净产品分为两大部分：可变资本和剩余。可变资本（v）就是工资支出。[①] 包括净利润、利息和地租的剩余（s）[②]，就是净产品超过工资的部分。总产品和净产品之间的差额，就是不变资本（c），它由设备和原材料构成。不变资本不变的意思是，它除了在生产过程中所丧失的以外，没有增加产品的价值，新价值归因于可变资本购买的劳动力。[③] 固定设备只在它的磨损率和折旧率方面对不变资本有所贡献。[④] 所以，不变资本包括折旧加原材料。任何时期，譬如说一年的总产品，就由 $c+v+s$ 来表示。这些都是以价值或是社会必要劳动时间来计量的。[⑤] 这一观念所涉及的若干问题，将在下章加以讨论。

马克思用三种比例关系来处理他的论点：$\frac{s}{v}$，即剥削率[⑥]，$\frac{c}{v}$，

---

① 《资本论》第一卷，第 192 页。

② 同上书，第 7 章，第 194 页和《资本论》第三卷，第 993 页。

③ 同上书，第 191 页。

④ 同上书，第 195 页。

⑤ 同上书，第 5 页。

⑥ 同上书，第 198 页。

即资本的有机构成[1]，以及$\frac{s}{c+v}$，即利润率[2]。

剥削率，即$\frac{s}{v}$是剩余（净利润、利息和地租）对工资的比例，并且表明劳动在净生产量中的分配。马克思通常把它表述为工作日中一个人为自己劳动的时间和为资本家劳动的时间的比率。如果$\frac{s}{v}$等于$\frac{3}{2}$，而工作日是10小时，那么一个人就为自己劳动4小时，而为他的雇主劳动6小时。他工作的4小时是“必要”劳动或“有偿”劳动；而他工作的6小时是“剩余”劳动或“无偿”劳动。[3] 这一比例在马克思的全部论点中占主要部分。

剥削率是明确的。其他两个比例，即$\frac{c}{v}$和$\frac{s}{c+v}$，有些混乱。资本的有机构成和利润率，两者都是与所使用的资本量有关，而不是与资本的折旧相关。要把$c+v$变成资本量，我们必须对马克思的范畴加以提炼，并把c拆分为折旧和原材料。比如用d和r表示。于是，$r+v$和d必须各自乘以相当的周转期。例如，假定运转资本平均是用在工资和原材料上六个月的支出，并且假定设备的平均寿命是10年。于是，为了把$c+v$换算成资本量，就得

① 《资本论》第一卷，第625页。
② 同上书，第三卷，第55页。
③ 《资本论》第一卷，第199页。

把 $r+v$ 除以 2，并且把 d 乘以 10。马克思是知道这些论点的[①]，但他的术语把这些论点弄得令人费解。如果我们用符号 c，v 和 s 只是代表每单位时间的折旧率、原材料成本、工资和利润，并且不把资本的有机构成表述成 $\frac{c}{v}$，而是表述为所用的每人资本，我们就能避免费解，而又不违背马克思的意思。

所用每人资本的观念引起了更大的困难。它可以有三种不同途径的变化。衰退的条件增加了每人资本，仅仅由于设备保持不变的同时，降低了就业水平[②]；积累的过程倾向于按一定的利用水平增加每人资本；最后，技术的进步以及利息率和实际工资率的变化，可以朝着两个方向中的其中一个来改变每人资本（利用水平既定）。马克思假定资本总是竭尽所能地被使用。[③] 而且，他认为一定量资本的产能产出，是由技术条件严格决定的。利息率对资本的结构并无影响，而实际工资率只是通过它对技术进步的影响而间接地影响资本的结构。[④]

这些假设对马克思全部论点来说是根本性的。它们排除了自马克思那个时代以来曾受到学院派经济学家很大关注的两类问题：与均衡地使用生产诸要素之间的比例有关的问题，以及与适应

---

① 《资本论》第二卷，第 190 页；第三卷，第 4 章。这一章由恩格斯加以补充，这也许足以说明马克思觉得这个题目令人困惑或厌烦。

② 因为马克思并未明白地讨论这个问题，到底他怎么看待这个问题是有疑问的。他可以被解释为把利用的下降看作是资本减少的同义语。但这种想法是有毛病的，因为这意味着资本量的变化率和积累率是不同的。

③ 这种假设并没有说清楚，但在一定的技术状况下，一定量的资本将只使用一定量的劳动，《资本论》第三卷，第 291 页。

④ 《资本论》第一卷，第 653 页。

商情变化的形势而做出的资本设备使用的变化有关的问题。这几点将在以后加以讨论。这些假设使得一个非常复杂的问题大大简单化了，而且从学院派的观点来看，这显得有点粗糙。但是，马克思避免使用学院派经济学家惯用的某些简单化的假设，他用动态的术语来处理他的论点，而学院派经济学家却大都限于做比较严密但不太令人感兴趣的静态分析。

第三章　劳动价值论

马克思的价值理论引起了一些混乱和争议。当然，当我们从《资本论》第一卷的简单教条主义到第三卷错综复杂的叙述，去探索马克思内心艰苦的挣扎过程，看来是困难的。但是，如果我们从第三卷的要害部分开始，那么这个过程就没那么艰巨了。

资本在积累，资本主义制度从小农和手工业经济中开辟出新的领域，人口在增加，技术发明在创造。一般来说，实际工资仍然保持着前资本主义小农经济所规定的水平，或者不如说，当资本家对于劳动力的需求相对于可以获得的供给而变化时，实际工资就围绕着那个水平在变动。用实际用语来说，总剩余就是总生产量与实际工资总额之间不断增长的差额。受技术条件支配的资本有机构成，在各个不同的领域内是各不相同的。[①] 资本的利润率在所有的领域都倾向于均衡化，因为新资本总是流向能产生高于平均利润的地方，而不是流向产生低于平均利润的地方。[②] 个别工业中利润率的短暂差额，可能归因于需求（而需求又是由工人和资本家之间的收入分配决定的）。[③] 这种差额被资本的相对增加，从

① 《资本论》第三卷，第 172 页。

② 同上书，第 230 页和第 243 页。

③ 同上书，第 214 页。

而被需求比较高的生产量的相对增加所均衡。[①] 或者它们可能归因于降低生产成本的新技术。这些都被逐渐迫使资本家普遍采用新方法以及降低有关商品价格的竞争行为所均衡。[②] 既然每单位资本的利润倾向于均衡，而所用的每人资本是不均衡的，那么，在不同工业中的剥削率(每人利润)也是不均衡的。在每人资本超过平均的地方，它也倾向于超过平均。

在可用的土地有限，而肥沃程度和位置价值又各不相同的地方，对土地的私有权促使其所有者可以从资本家那里攫取一笔地租。[③] 地租是从资本所得的剩余中支付的。但是，因为每单位资本的利润在各行业活动中倾向于均衡，因此，支付的地租越大，剥削率一定越高。这是由有关商品价格上升引起的，因为，由于利用效率较低的土地和更集约地利用效率较高的土地，生产被扩大了。[④] 因此，相对价格受需求和成本支配，而成本依次受技术和天然生产要素供给的影响，而需求则受收入分配的影响。

所有这些同正统派学说不同的，只有一个方面，却也是一个重要的方面。并不存在长期均衡的趋势，而且平均利润率也不是一个均衡率或资本的一个供给价格。它只不过是资本主义制度随时可以产生的总剩余中的一个平均份额。

---

① 《资本论》第三卷，第 224 页。

② 同上书，第 228 页。

③ 同上书，第 758 页和第 761 页。

④ 同上书，第 733 页和第 778 页。马克思对地租的论述，比通常的学院派的阐述更加现实。他考虑到技术的改进，所以没有做出赞同资本报酬递减的假设(第 907 页)。有趣的是，他意识到“地租进入生产成本”如何成为某一特定商品：“谷物栽培地的地租，会成为家畜价格的决定性因素”。(第 892 页)

当第一卷提出这些论点时，表面上显得非常不同，但这些不同与其说产生于分析所涉及的地方，不如说产生于分析所省略的地方。我们从一段纯粹教条的论述开始。“诸商品的交换价值，也要还原为一种共通物，各代表这共通物的多量或少量。……一个使用价值或财货有价值，只因为有抽象的人类劳动，对象化或物质化在它里面。然则，它的价值量要如何去测定呢？由其中包含的劳动量（形成价值的实体）去测定。劳动量由劳动时间测定，劳动时间又以小时、日等去测定。”[①]

测量的标准是均质的劳动。“较高的复杂的劳动，和社会的平均的劳动一样是劳动力的表现。不过，这种劳动力比简单的劳动力，包含更大的教育费用，其生产会花费较多的劳动时间[②]，从而有较高的价值。……不过，在每一个价值的形成过程中，高级劳动都要不断还原为社会的平均劳动，那就是，把一日的高级劳动，还原为 X 日的简单劳动。为省却一些多余的手续，使分析更为简单起见，我们且假定资本家使用的劳动，是简单的社会的平均劳动。”[③]

一个商品的价值，不仅包含了直接用于生产它的劳动时间，而且包含了原料和设备的价值。“我们会发现被消耗的生产资料的

① 《资本论》第一卷，第 4 至 5 页。

② 在一个自由流动和机会均等的世界中，一个熟练工人的工资超过一个不熟练工人的工资，会受到他的较大教育费用的限制。实际上，熟练工人的供给（还有职业工人的供给），往往受到这个事实的限制，那就是不熟练工人的家庭一般不容许他们的子女全然在法定最低年龄来接受任何教育。所以，熟练工人的额外工资不但需要估量他们的培训费用，而且还要估量社会结构人为造成的一种稀缺价值。马克思忽视这种多少有点明显的论点，无疑是因为他急于要强调整个资本家和工人之间的主要的阶级斗争，并且不承认各个阶级内部有次要的斗争而使情况复杂化。

③ 《资本论》第一卷，第 179 至 180 页。

价值又成了产品价值的构成部分。"[①]"生产资料……它转给产品的价值只是它当作生产资料丧失的价值。"[②]原料和像燃料这类辅助材料的价值，立即变成产品的价值，而设备则把它因为磨损而丧失的价值转移到产品中。[③]生产资料的价值，又来自于生产它们所需要的劳动时间，而"一切自然的不经人力协助就已经存在的生产资料，例如土地、风、水、矿脉内的铁、原始森林里的木材等等，都属于此类"，并不把价值转移到生产物中去。[④]因此，一切价值都是由劳动创造的。

不论价值观念对于黑格尔的学生来说具有什么样的内在含义，对于现代英国读者来说，这只是一个定义问题。一个商品的价值包含生产它所需要的劳动时间，进入这个商品生产的辅助商品生产时所需要的劳动时间也包括在内。

什么是价值对价格的关系呢？最初马克思教条地说，商品倾向于按照与价值相一致的价格进行交换（因此任何一类商品的价格比例同它们的价值比例是相同的）。"价格是对象化在商品内的劳动的货币名称。"[⑤]作为市场上某种暂时扰乱的结果，相对价格会同相对价值不一致。"但这种偏离是一种违反商品交换规律的现象。"[⑥]

为了使马克思可以主张价格倾向于与价值一致，价值的定义

---

① 《资本论》第一卷，第 180 页。

② 同上书，第 185 页。

③ 同上书，第 185 至 186 页。

④ 同上书，第 186 页。

⑤ 同上书，第 74 页。

⑥ 同上书，第 136 页。

被大大地延伸和曲解了。在马克思的思想体系中,要创造价值,劳动时间必须是社会必要的。生产一定量商品的社会必要劳动时间,可以因为两种明显的理由而不同。如果采用了一种新的节约劳动的方法,那么体现在商品中的社会必要劳动时间就会减少,并且它的价值因而下降了。[①] 但是,需求也影响价值。除非有对商品的需求,否则商品体现不了价值,如果某种商品生产过剩了,体现在这种商品上的部分劳动,就被证明在满足社会需求上是不必要的,于是有关商品总生产量的平均价值就会因而下降。[②] 天然的生产要素不创造价值,但有人认为稀缺性,比如金刚石的稀缺性使耗费在寻找它们的劳动时间增加到足以说明它们高价的程度。[③] 因此,第一卷的叙述忽略了在第三卷中被清楚辨别出来的许多问题。

可是,马克思在第一卷中并未试图去解决这个主要问题。这个问题关系到不同生产部门利润率均衡化的趋势。在一个价格与价值相一致的体系中,等量劳动的净产品是以等量货币出售的。因此(假定货币工资率是一定的),以货币表示的每单位劳动的剩余,到处都是相等的。说相对价格与相对价值一致,就如同说在所有工业中剥削率是相等的,它们是一回事。但是,如果所用每人资本(资本有机构成)在不同的工业中是不同的,同时每人利润(剥削率)却是相同的,那么每单位资本的利润一定会随着每人资本朝着

① 《资本论》第一卷,第 6 页。

② 同上书,第 80 页,参看《资本论》第三卷,第 745 页。

③ 同上书,第 7 页。

相反的方向变化。只要资本对所用劳动的比例也相等，利润率和剥削率两者在所有工业中就有可能是相等的。

在第一卷中，马克思搁着这个问题不解决。[①] 在第三卷中，他指出每人资本随着技术条件而变化，同时资本家之间的竞争倾向于建立一个统一的利润率。所以，剥削率不能统一，而相对价格也不会与价值相一致。[②]

马克思从统一的剥削率出发，把自己陷入到人为的困难之中。这种假设毫无根据。如果工资在所有工业中都相等，那么所用每人剩余（剥削率）会随着所用每人净生产力而变化，并且，一般说来，每人资本较大的地方，每人生产力也会更大。用马克思自己的话来说："因为生产力所已达到的程度，会表现在不变资本部分对可变资本部分的相对优势上……如果资本在一定的生产部门有了较高的构成，那就表示它的生产力的发展，已经超过平均的水准。"[③]因此，剥削率倾向于随着所用每人资本而变化。

资本家们一定会看到（除了判断错误和市场混乱之外），他们

---

① 《资本论》第一卷，第 293 页。

② 《资本论》第三卷，第 185 页。在他用数字表示的例子中，马克思从整个工业的平均剥削率来计算不同工业中所生产的商品的价值。但是，商品的价格同它们的价值的区别在于，在某种程度上，不同工业中资本家实际享受到的剥削率，会因他们资本的有机构成而变化。依我之见，第一卷和第三卷之间的矛盾，是神秘主义和常识之间的矛盾。在第三卷中，常识胜利了，但在其文字叙述中，仍必须对神秘主义说些好听的话。

③ 同上书，第 881 页。在第三卷（第 26 页）的编者序中，恩格斯引用了沃尔夫的话："不变资本的增加是以劳动生产力的增加为前提……所以，当可变资本不变，不变资本增加时，剩余价值必然会增加。"恩格斯愤怒地否定了这个观点，并且宣称这直接违背了马克思的学说。但是，他只是责备沃尔夫，并未做出任何的论证，看不出沃尔夫哪一处的陈述与马克思上文的陈述有不同的地方。

并不会增加所用每人资本，他们确信所用每人净利润会有相应的增加，而那个产生各产业部门间相等的利润率的同一过程，往往会产生不相等的剥削率。

剥削这一事实使利润成为可能，但是剥削率在逻辑上和历史上为什么应被看做是先于利润率，那是没有理由的。从逻辑上说，重要的是资本主义制度成功地为有产阶级获得总剩余量，而且用所用劳动量除以那个总量以求得剥削率，而不是用资本量除以那个总量来求得利润率，这是没有好处的。从历史上来说，认为不同工业是随着不同的剥削率、不同的利润率和不同的资本对劳动的比例而发展起来，这种说法是很自然的。所以，竞争的波折起伏往往会规定一个共同的利润率，从而各种剥削率不得不达到抵消资本对劳动之比的差额的水平。这种从相等的剥削率趋向于相等的利润率的运动，并不是资本主义发展中的一个过程，而是经济分析发展中的一个过程，即从最初的劳动价值论趋向于相对需求与相对成本相互作用的理论。

根据马克思自己的论点，劳动价值理论不能提供一种价格理论。但他仍然用它来说明关于资本主义制度性质的某些概念，这些概念的重要性，又丝毫不取决于他任意用来说明这些概念的特定术语。

首先，马克思提出资本主义制度的发展，是以除了出卖劳动力之外没有其他生存手段的工人阶级的存在为基础。资本主义先是掠夺农民和手工业者的资产①，然后剥削他们的劳动。剥削的可

① 《资本论》第一卷，第 7 篇，所谓原始积累。

能性，取决于净生产量总额和劳动者最低生活资料之间的差额。[①] 如果一个劳动者除了生产满足一天中不得不吃的东西以外，不能再多生产什么，那么，他就不是一个可能的剥削对象了。这个概念是简单的，可以用简单的语言来表达，而无须用任何专门术语工具。而恰恰是这些简单而基本的资本主义特征，在学院派的经济分析的迷宫中消失了。

其次，马克思用他的分析工具强调，只有劳动是有生产力的观点。[②] 就其本身来说，这只不过是一个口头禅。土地和资本不生产价值，因为价值是劳动时间的生产物。但是，肥沃的土地和有效率的机器提高了用实际生产量来表示的劳动生产力。而且的确，"提高劳动生产力……就是资本内在的冲动和不断的倾向"[③]。在资本主义条件下，"劳动生产力成熟了，如同在温室中那样"[④]。不论我们想说资本具有生产力，或是想说资本有必要使劳动具有生产力，这些都是无关紧要的问题。

重要的是，占有资本不是一项生产活动。认为资本具有生产力的学院派经济学家，常常暗示说资本家对社会有功，并且从他们的财产中获取收益是正当的。[⑤] 过去，在这个论点上，曾有把财产和企业看成没有区别的表面上似乎合理的观点。但这种混淆争论点的方法不再有效了。现在，所有权和企业之间的分离越来越完

① 《资本论》第一卷，第 177 页；第三卷，第 912 页。

② 同上书，第一卷，第 188 页；第三卷，第 962 页。

③ 同上书，第 309 页。

④ 同上书，第 641 页。

⑤ 同上书，第 443 页。

全，而“资本主义制度的最后的幻想——资本是本人劳动和节约的果实——因此就破灭了”[①]。标准的企业家不再是马歇尔笔下的勇敢而不知疲倦的商人，或是马克思笔下的狡猾而贪婪的守财奴，而是一群与食利生活者无区别的没有动力的股东，他们雇佣拿薪水的经理来经营他们的公司。所以，不参加关于土地与资本是否具有生产力的说理论争，而且不运用分析性工具来确立这个观点，就说占有财产是非生产性的，现在看来未免简单化了。

的确，迫使我们去说资本（与资本所有权相对的资本）是非生产性的那种说法，反而使争论点模糊了。说资本以及把科学应用到工业中具有极大的生产性，而且说发展成为垄断的私有财产制度之所以有害，是因为它们阻止我们获得很多资本以及我们所需要的那类资本，这种说法是具有说服力的。这种观点是马克思的分析中所固有的。他预见到那个时期，那时“资本独占，成了和这种独占在一起，并在这种独占下开花的生产方式的桎梏。生产资料的集中和劳动的社会化，达到了与它们的资本主义外壳不能相容的地步。”[②] 马克思论证的实质，与现代形势远不是无关的，但这种论证与字面上的含义是不相容的。

在资本主义之下，日益提高的劳动生产力在马克思的术语中引起了严重的困难。他用价值来计算生产量，为指数问题开辟了捷径（虽然用“简单劳动”单位来估计不同熟练程度的劳动这一问题尚未解决）。但是，既然实际生产量是一个重要概念，这个问题

① 《资本论》第三卷，第597页。

② 《资本论》第一卷，第789页。

就必须解决，而不能被全然忽视。只要既定强度的劳动的工时不变，那么每单位时间创造的价值总量也不变。但随着时间的流逝，实际生产量在增加。商品的价值是不断下降的，只要实际工资不变，劳动力的价值也是下降的。所以，可变资本的一定价值对劳动力的购买力是增加的。找到衡量实际生产量的尺度的问题——在这种情况下的尺度包含某些任意的成分，用价值来计算也不能解决，因为价值和生产量之间的交换率是不断变化的。

掌握马克思工具的最简单方法，就是假设每小时的货币工资率是一定的。如果每小时的实际工资是不变的，那么价格就一定不变（假定工资品的价格不随着一般价格而改变）。当一定量劳动时间的实际生产量增加时，不变的价值创造率（$v+s$）用不断增加的货币总额来表示，而单位货币的价值下降了。于是，上升的剥削率用以货币表示的不变的 v 和上升的 s 来表示。换一种说法，单位货币的价值被认为是不变的。当生产力提高时，货币工资和价格就都下降；$v+s$ 不变，而上升的剥削率却用下降的 v 来表示。

当商品和劳动力在价值上不断变化时，用价值来计算的困难，证明了马克思解释的令人费解，如果不用这个概念，马克思用价值概念表示的一些重要思想，没有不能更好地表达的。[①]

① 马克思关于商业的论述（《资本论》第三卷，第 17 章。）是一个足以说明他的论证方法有启发性的例子。用于出售商品、包装和准备商品以备市场之需，以及簿记工作的人，不创造任何价值。它仅仅参与了实现工业所创造的价值而已。另一方面，运输却创造价值（在上述引文中第 340 页）。这一区别显然很重要。在某种意义上来说，工业和运输对社会是必需的，找寻买主的活动并不是必需的，而在现在的广告时代，生产成本和销售成本之间的区别，甚至比马克思那个时代更为重要。但马克思提出下面这个问题来，给他自己造成一个不必要的困惑：如果商业不直接创造价值和剩余，那么商业企业中的工资和所得利润的来源是什么，并且商业资本又是如何维持的呢？工业

但马克思的术语是重要的，因为它具有提示力。没有哪一个经济学派曾使用完全没有色彩的术语。即使作者自信地抱着冷静的科学态度，读者心里也会产生共鸣。马歇尔使用“等待”这个词，提供了一个字面暗示的例子。他想表明，为了克服把他们的资本用于现在的消费并且花光的诱惑，财产的所有者有必要收取利息。这自然是可以从中吸取教训的，就是如果资本家为了保持资本的完整不得不接受贿赂，那他们宁愿被剥夺，为了社会的利益使他们的资本被安全地保存着。但是，马歇尔认为“节欲”这个词太激烈，他便说资本家是在完成等待服务，所以他们有权利获得报酬。[①]庇古教授用了充满诬蔑意味的“剥削”这个词，来表示完全竞争条件下的实际工资和垄断条件下的实际工资的差额。[②]所以，读者不知不觉地受到影响并得出这样一个结论，那就是，只要竞争占优势，劳动就能获得它所能合理要求的一切。这在学院派的习惯用法中，可以找出上百个例子来。

马克思对提示的重要性非常敏感。他指出，甚至一个代数公

资本家对于获得价值并不关心，他们只关心获得货币，或者更确切地说，获得商品和劳动力的购买力，他是准备支付给商业资本家，并且间接地支付给帮助他实现剩余价值，即出售他的商品的商业劳动。由此涉及的价值量的问题，纯粹是形式问题。如果我们选择将商业劳动视为生产性劳动，那么创造的价值总量就会大得多，商品的平均价值也相应地大得多，其他一切都保持不变。这条线划在哪里，显然是有些任意的，劳动被视为生产力的程度越高，商品的平均价值就越大。至于这条线到底划在哪里，除了对价值和货币之间的兑换率有影响之外，对其他任何事物都没有影响。

在论“绝对地租”的第三卷第 45 章中，可以找到类似的使简单论点变得容易混淆的地方。

① 马歇尔：《经济学原理》，第 232 页。

② 庇古：《福利经济学》，第 3 篇，第 14 章。

式也不是毫无政治含义的。他坚持认为，剥削率必须写成$\frac{s}{v}$，而不是$\frac{s}{s+v}$，这两个公式恰巧表达的是同一种情况，但它们对资本主义过程持两种不同的态度。$\frac{s}{v}$这一比例表示“工人已经从生产物排除出来这一事实”，而$\frac{s}{s+v}$表示的，“是一个协作关系的虚伪的外观。好像工人与资本家，就是在这种协作关系内，依各种不同的形成因素的比例来分配产品”①。

马克思把利润看做是“无偿劳动”的方法，以及关于不变资本、可变资本和剥削率的整套工具，硬是在读者面前呈现出一幅资本主义制度是蹂躏工人生活的海盗制度的画面。他的术语从它充满着的道德愤怒中汲取力量。

我希望我们会在下文中明白，马克思论证中的任何一个实质性论点都不是以劳动价值理论为依据的。伏尔泰认为，你可以用魔法杀死一群羊，如果你同时给它们很多砒霜的话。在这个画面中，羊很可能代表自鸣得意的资本主义辩护人；马克思的锐利洞察力和对压迫的强烈憎恨提供了砒霜，而劳动价值理论则提供了咒语。

附录　社会主义经济中的价值

在放弃了资本主义制度之下价格与价值相一致的观点后，马克思相信，在社会主义制度之下，劳动价值理论将得到它应得的名

① 《资本论》第一卷，第 543 页。

誉。“(只有在生产受社会的实际的预先决定的控制的地方，社会才会在用来生产某种物品的社会劳动时间和要由这种商品来满足的社会需要的范围之间，创立联系。)……各种商品依照它们的价值来交换或售卖，是合理的，是商品平衡的自然法则。”①他举了一个例子来说明级差地租，在这个例子中，10 夸脱小麦的成本除地租外是 10 夸脱，以 600 先令的价格卖出。接着他写道：“如果我们设想社会的资本主义形态被扬弃了，社会被组织为一个自觉有计划的联合体，10 夸脱就会代表一个定量的独立的劳动时间，而与 240 先令内的劳动时间相等。社会就不会按照产品内所包含的实际劳动时间的二倍半来购买这种土地产品，地主阶级的基础就消灭了。这样一来，结果就像从国外进口产品使产品价格便宜了同一数额完全一样。”②

“但在社会的生产中……生产者们也许会得到一种纸的凭证，凭此在社会的消费品供应中，取得一个与他们的劳动时间相当的量。”③

“在资本主义生产方式废止以后，社会生产依然存在的情况下价值决定仍然在下述意义上有支配作用：劳动时间的调节和社会劳动在各类不同生产间的分配，最后，与此有关的簿记，会比以前任何时候变得重要。”④

---

① 《资本论》第三卷，第 221 页。

② 同上书，第 773 页。

③ 《资本论》第二卷，第 412 页。

④ 《资本论》第三卷，第 992 页。马克思还使鲁滨孙这个典型的经济计划者用平均劳动时间来记账。

引证的这几段文字的主要论点是，在社会主义之下，从财产中获得的收入将被废除，每个人将从总产品中领取到与他贡献相一致的一份。这反映了马克思学说的实质性意义，这种学说是可以不用价值概念加以表达的。但这几段引文也蕴含这样的意思，即在一个合理的经济制度中，商品的价格应当与价值相一致。

这个见解是合乎情理的吗？马克思把资本的折旧看作是生产量价值的一部分，我们显然是要把它包含在内，因为理想的价格体系的目标，就是使商品的价格与其社会成本相一致，并且设备的磨损是一项实际成本。[①]

所以，在最简单的情况之下，如果一切来自剩余的收入都要被废除，那么，价格就应当根据工资成本加上折旧来规定。

如果投资已经到了尽头，那么这将是恰当的，因为资本量的进一步增加不会带来任何社会有用性，而且所有的收入来自于当前的消费且用于当前的消费。在这样的场合，正统派所说的“资本”已经不再是稀缺的生产要素，而正统派的价格理论和劳动价值理论一样，成为同样的东西了。

如果投资依然继续，那又会如何呢？假定在社会主义经济中

① 有一段(《资本论》第三卷，第306至308页)指出，马克思并不持这种观点，他认为正确的制度是价格与劳动力成本成正比的制度，设备折旧除外。恩格斯说，这段话是他根据原稿的一个注释括展而来的，在这个过程中，也许还夹杂着一些混乱。

马克思认为折旧相当于磨损。虽然在规划新的投资时必须考虑到，但一旦投资完成，仅仅因时间的流逝而造成的折旧并不是一种社会成本。有些投资，例如最初的铁路设计，具有持久的生命，并且在最初的投资之后，它的使用完全不涉及社会成本。在马克思的体系中，这类资本，必须像土地那样加以对待，它增加了实际产出，但没有增加价值。

没有私人储蓄，但用于新资本设备的投资被认为是需要的，[①]而且像教育这样的免费服务应当由社会提供。用于投资和免费服务上的支出，会产生超过可消费产量的成本的购买力。承受超出部分的一种方法，就是征收所得税。通常价格在那时与成本相等，但是可花费的收入比成本要少。另一种方法是征收购买税，使价格超过成本。这种税应该怎么征收呢？如果按照马克思通常意义上的说法，价格与价值相一致，那么，税额就必须和工资成本相称。这种情况和在每个工业中有相等剥削率的情况相同，投资和免费服务规定的税收，显得像是社会主义剩余的同义词。这种税收将加入到包括设备保养在内的用于每个生产阶段的劳动成本中；因此，它将加入到各个社会主义企业的不变资本——即原材料和设备折旧的成本中。因此，所有价格将按相同比例提高到生产成本之上，结果是和一切出售给最后消费者的商品的从价税相等。这将是征税的合理方式（假定对于需求方来说，各种商品之间没有实质性差别的话），那么，到目前为止，价值成为社会主义条件下规定价格的指针就显得合理了。

但是，在上述的论证中已经暗中假定，各个工业在不变的回报中工作，从而支出一定比例的增加会引起相关商品产量一定比例的增加。当这种条件没有被满足时，价值观念往往会引起严重的困难。让我们通过从资本抽象出来的方法，排除其他混乱观念，使工资成为唯一的生产成本，并假定没有必要为创造投资资金而征

① 在共产主义制度下，“社会必须预先计算，能把多少劳动、生产资料和生活资料用在某种事业上，而不致有害。例如铁路的建筑”（《资本论》第二卷，第361页）。

税，然后让我们来考虑马克思在土地报酬递减条件下生产小麦的例子。

这个问题有两个方面。第一个方面所涉及的是几块肥沃程度不同的土地适当的耕作强度。当各块土地上的劳动边际生产率，即雇佣增加一个人引起的生产量的增加相等时，最大限度的生产物通过一定的人数获得。除非平均生产率和边际生产率恰巧成比例，要不然以这样的方式使用劳动，使它们的平均生产率相等，是不经济的。

假定有两块不同的土地，在这两块土地上，得到了如下表所示的情况。假定有 25 个人可用。为了遵循使 A 土地小麦价值与 B 土地小麦价值相等的原则，有必要把 15 个人分配给 A 土地，把 10 个人分配给 B 土地。那时总生产物就是 200，每块土地上每人生产量将是 8。但是，如果把 15 个人分配给 B 土地并把 10 个人分配给 A 土地，同样的这些人就可以得到 205 的总生产物。于是 A 土地的平均生产物将大于 B 土地，而这两块地的小麦在价值上有所不同。在这个例子中，价值标准并没有给出最好的结果。

使用人数	所产小麦	每人平均生产量
	A 土 地	
10	100	10
15	120	8
	B 土 地	
10	80	8
15	105	7

这个问题的第二个方面涉及小麦的定价。在上述马克思的例

子中，当生产的小麦是10夸脱，10夸脱小麦的边际成本是60先令，它的平均成本是24先令。这就可以按照1夸脱24先令来出售小麦，而且马克思说这是正确的政策。但这样说更合理些：当它按照边际成本出售时，这个生产物产生了超过劳动成本的360先令的剩余。这个剩余的最好用途是什么呢？补助小麦价格是最好的回答。但是，即使小麦得到补助了，最好的补助率应该恰好补偿了边际成本与平均成本之间的差额，这也是没有特殊理由的。一个较小的补助率或是较大的补助率可能更可取。某种其他商品或是某种不同的目的，例如教育服务，可能更有资格得到补助。按照平均成本出售小麦可能会产生最好的结果，这或许是不可能的偶然事件。

因此，遵照价值标准将会导致可以避免的浪费以及社会资源在不同用途之间的错误分配。

还有新投资在社会化生产的各部门之间分配的问题。如果有关当局对各部门投资的社会需要有一个清楚的概念，他们就能够不依靠价格体系的任何指引而恰当地分配投资。但是，当最显著的需要都满足了，仿效资本主义以及要求社会主义企业对分配给它们的全部资本赚取利息率可能会很便利，以至于保证普通的投资需要不因为另一个更紧急的需要而受到压制。

如果这个体系被运用，那么，和价值理论的最后联系就被切断了。

第四章　长期就业理论

马克思多半是把他的论证导向这个假设，即引诱资本家去投资实际资本是没有问题的："积累啊！积累啊！那是摩西和先知们！"[①] 资本家对奢侈性消费并不特别感兴趣[②]；他们感兴趣的是获得更多的资本，并且每个人都受竞争性的斗争驱使，为的是扩大他的资本以便利用新技术。只要他们有一些利润来投资，他们就会利用这些利润来投资，而不顾及利润和利息率的前景。[③] 因此，在主要论点中并未提出有效需求的问题。这个问题就像"实现剩余价值"的问题一样，是被马克思分开处理的，他对这个问题的处理将在下文中讨论。[④]

可是，即使有效需求的问题被排除了，失业的问题仍然存在。在任何时候，就业量取决于现存的资本量和生产技术。随着时间的流逝，资本积累起来，而且就业量也有增加的趋势。可用的劳动也增加，随着人口的自然增长，以及资本主义的发展投入到新领域

---

① 《资本论》第一卷，第 606 页。

② 《资本论》第三卷，第 285 页。

③ 马克思曾一度谈到利润下降会减少积累，"因为利润的刺激作用被削弱了"（《资本论》第一卷，第 633 页）。但这个概念并未得到探究，而其余的论点是与积累下降相一致的，仅仅由于可用于投资的利润较少。

④ 参见本书第六章。

（这使得被剥夺生存手段的农民和手工业者流向了劳动市场），可用的劳动增加了。通常存在一个失业劳动者的边缘群体——劳动后备军[①]，而生产量的限度是由资本设备的全部容量决定的，不是由劳动的充分就业决定的。

在这种情况下，实际工资水平是由作为一个阶级的资本家和作为一个阶级的工人的议价能力决定的。只要工人没有联合起来，他们就孤立无援，而且不得不接受他们得到的东西。[②] 因此，工资往往被压低到生活水平所决定的下限的水平。[③]

即使在工资最低时，资本家仍然企图用延长劳动时间[④]，加强劳动强度[⑤]，把妇女和儿童骗入产业的方法从工人身上压榨更多的利润。一个家庭的实际所得有一个由饥饿水平决定的下限，但那个家庭为获得那些工资而被迫去做的工作量，可以用这些方法

① 《资本论》第一卷，第643页。

② 同上书，第655页。

③ 马克思工资论的开头阐述，纯粹是教条。劳动力像其他商品一样，倾向于按它的价值出售，而劳动力的价值，是生产工人和接替他们的子女的生活资料所必需的劳动时间（《资本论》第一卷，第149至152页）。这个生活水平，含有“历史的和道德的要素”，因为它部分要看“自由劳动者阶级养成的习惯和舒适度”，那就是说，要看资本主义撵走农民并把他们变成“自由劳动者”之前，他们所获得的生活标准。这种对工资决定因素的论述，就像对价格的教条论述一样，随着论证的发展逐渐被放弃。劳动力的价值（仅能维持生活的最低工资）并不决定工资水平，而仅仅划定限度，在此限度之下，如果不减少工人的劳动力，工资就不能长期维持，从而会发生破坏剥削基础的危险。

马克思所说的决定生活工资的“历史的和道德的”要素，常被解释为资本主义发展时，劳动的价值往往随惯常的生活标准而上升。我未曾找到这种解释的依据。采取这种说法会把马克思的论点降低为循环论，因为这就意味着实际工资水平决定着劳动力的价值了。

④ 《资本论》第一卷，第215页。

⑤ 同上书，第407页。

来增加的。①

这种过度的剥削过程必然会产生一种反作用。工人的健康受到了损害,后代的供给受到了威胁。于是,尽管不情愿,开明的私己心还是迫使资本家屈从于遏制他们过度贪欲的劳动立法。工厂法限制了工作日,改善了劳动条件,使工资不能降低到维持生活的最低水平以下。②

工人的无助处境,归因于产业后备军的存在。只要还存在失业,他们的议价能力就长期削弱了。可是,资本积累一直在继续,而且在有些阶段支配所提供的就业量的资本量,赶上了劳动的供给。那时,他们的议价地位就变强了,而且他们的实际工资也有上涨的趋势。结果利润下降了,积累率则相应于人口的增长而放慢,从而后备军又增加了。③ 同时,不能容忍低利润的资本主义制度,所做出的反应是采用节约劳动的新技术。④ 在高工资的刺激之下,节约劳动的设备被发明出来,所以从今以后一定量的资本提供的就业机会就变少了。这样,后备军会因技术造成的失业而得到进一步的补充。而且,还存在着把资本主义扩大到新领域以及找到新的劳动进行剥削的新动机。工人暂时增强的议价能力被这些手段破坏了,实际工资又下降了。⑤

① 《资本论》第一卷,第 392 页。

② 同上书,第 251 页。

③ 同上书,第 634 页。

④ 同上书,第 643 页。

⑤ 马克思认为劳动后备军的兴衰与商业循环是属于同一性质的(《资本论》第一卷,第 647 页)。这一论点将在后文加以讨论。

这样，工资长期因为后备军的扩大和缩减而调节。[①] 马克思认为最有利于提高工资的情况是，不改变技术方法或是资本对劳动的比例而增加资本量。那时，每单位资本的就业不变，而且随着资本扩张，就业增加以及失业减少，从而天平逐渐倾向于有利于工人的那一边。[②] 他并不认为日益增长的劳动生产率有利于提高工资。这是与日益增加的每人资本相结合的，所以一定的资本量往往导致就业量下降。[③] 而且，工业的日益机械化破坏了对熟练工的需要，并把工人的需求降低到只有一个人的程度。[④] 从而工资的下限被压低到一个没有受教育余地的纯粹维持生活的最低水平。[⑤]

马克思在一段文字中承认，生产率的提高会增加实际工资，从而使工人在技术进步的成就中获得一些好处[⑥]，但是《资本论》中的论证并没有引导他期望在资本主义条件下实际工资水平有任何可观的上升趋势，而《共产党宣言》预言工资随着节约劳动的技术发展而实际上是下降的。

总的来说，这个预言结果全然没有实现，如果要使马克思的论点与现代发生的实际工资上涨的观点相一致，那么他的论点就得修正了。马克思的争论点是，劳动后备军的作用是使工资保持在允许资本主义制度继续下去的限度之内。生产率的增长会提高资

① 《资本论》第一卷，第 651 页。
② 同上书，第 631 页。
③ 同上书，第 650 页。
④ 同上书，第 494 页。
⑤ 同上书，第 362 页。
⑥ 同上书，第 532 页。

本主义所容许的工资的上限。工会力量的发展,倾向于把工资推向上限,而垄断的抵消力量则阻止它们提高到那个上限之上。[①]同时,资本家通过引进节约劳动的技术来对提高实际工资起反作用的动机,随着工资成本对资本成本的比例下降而逐渐减弱。

对马克思论点的修正,损害了原来论述的严谨质朴,但不影响其寓意。为了实际目的,不把现在的平均生活水平与1848年的,或石器时代的做比较,而只与一个比较合理的经济制度下现在可能的平均生活水平相比,是比较确切的。[②] 重要的是劳动在总生产量中所占的是相对份额,而不是绝对份额。

马克思的工资理论把常常被学院派经济学忽视的许多论点弄明白了。但是,一旦放弃僵硬的最低生活水平理论,它就不能回答这个核心问题——什么决定资本和劳动之间的总产品的分配呢?剥削率把工作日分成有偿时间和无偿时间,把实际的生产量分成工资货物和其他货物,这些只不过是分配问题的另一种表述方法而已。谁都没有提供任何找出答案的线索。

资本的利润率,只是整个制度生产的利润总额中的一个平均份额。实际工资率随着阶级斗争多变的命运,在由维持生活最低水平而含糊确定的下限和完全没有确定的上限之间运动着。在任

① 在马克思的计划中,人口的增长提供了另一个反作用力,因为,如果要把失业保持在一定限度之内,人口的增长就需要一定的资本积累率。

② 那些现代马克思主义者想否认实际工资曾有过任何提高,或把实际工资的提高解释为仅仅由于殖民地人民的剥削,往往说有利于保守的工会领袖们的话,这些工会领袖往往回顾自己衣衫褴褛、赤脚的幼年时代,而盘算着资本主义带给劳动者的福祉总共有多少。既然攻破其理论根据更为容易,那就无须根据他们自己的理由来满足这样的争论。

何时候，剥削率总是由实际工资和总产量之间的差额决定的。但是，除了剥削率将随着日益增长的劳动生产率而增加这个一般的假设之外，并没有支配这种运动的法则。像我们马上要看到的那样，学院派的理论并不是太高明。如果存在支配不同阶级之间收入分配的法则，那么它还有待发现。

第五章　下降的利润率

在马克思时代的正统派经济学中，有一个被普遍接受的教义，即资本利润率有下降的长期趋势。马克思接受了这个观点，并且亲自说明利润率日益下降的现象。他的说明并没有转到实现剩余价值的困难上，如我们现在所说的，即有效需求不足的问题上，而是把这个现象说成是即使当那个问题不发生也会出现的。

他把资本有机构成的提高作为他说明的基础。[①] 资本积累和技术进步，并不必然涉及所用每人资本的增加。发明的结果会像减少劳动力成本那样减少每单位产量的资本成本，因为发明会提高制造机器的劳动效率，就像提高操作机器的劳动效率那样。马克思承认这种可能性。他指出"不变资本要素的低廉化"如何抵消了资本有机构成提高的倾向。技术进步可能也会减少资本货物的周转时期。像漂白这样的化学过程被加快了，而运输的发展也可以节省生产和销售的每一阶段所必需的资金。[②] 这会减少所用每人资本。尽管如此，马克思还是认为随着时间的流逝，每人资本一般都有增加的强烈趋势，而且这是人们自然会提出的假设。

① 《资本论》第三卷，第 276 页。

② 恩格斯在为《资本论》第三卷补写的一章（第 4 章，资本周转对利润率的影响）中提出了这些论点。

因此，马克思的利润下降趋势的法则，只存在于同义语的反复之中：如果剥削率不变，利润率必随每人资本的增加而下降。假设周转期不变，则 $c+v$ 用来计算资本量：在$\frac{s}{v}$不变和$\frac{c}{v}$提高时，$\frac{s}{c+v}$就会下降。①

这个命题显得与马克思其余的论点惊人地矛盾。因为，如果剥削率倾向于不变，实际工资会随着生产率的提高而上涨。劳动在一个日益增加的总额中接受一个不变的比例。马克思只能凭借放弃他的实际工资倾向于不变的论点，来论证利润日益下降的趋势。他似乎已经忽视了这种巨大的矛盾，因为当他讨论利润的下降趋势时，他并没有提到它所必然涉及的实际工资上涨的趋势。

正统派的经济学说也包含一个利润下降的法则。在一定的知识状态下，根据正统派的论点，当资本增加时，每人产量的增加会比每人资本按比例增加的少，因为一定的资本量总是用于占优势的技术所容许的最有效方面，资本的追加肯定会被列入越来越少的生产性用途。因此，资本的边际生产率——因资本量的一个单位的增加而引起的产量的追加，会随着资本相对于所用劳动的增加而下降。在正统派学说中，利润率被资本的边际生产率支配，而且利润率随着每人资本的增加而下降。但是，在正统派的体系中，雇主之间的竞争保证了实际工资与劳动边际生产率的均衡，并且，劳动的边际生产率又随着每人资本的增加而提高。因此，利润的

① 《资本论》第三卷，第 247 页。

下降趋势必然导致工资的上升趋势。对于正统派经济学家来说，这并没有任何困难，但是对马克思来说，它是一个障碍。

如果实际工资保持不变，利润率又将如何呢？如果实际工资不变，当每人资本增加时，利润率会随着产量相应增加对资本的相应增加之比超过或低于利润对产量之比而上升或下降。假定净产品为 100，最初利润和工资各等于 50，那么利润对产品之比是 1∶2。又假定每人资本从 100 增加到 110，那么净产品就会从 100 增加到 108。那时，工资依然等于 50，而利润上升到 58。这样，资本量增加 10%，就会使利润总额增加 16%，而资本的利润率会上升。如果当每人资本增加到 110 时产品只增加到 105，资本的利润率将保持不变。如果产量的增加与资本的增加之比下降，那么利润率就会下降。

以这种论点为基础，即在一定的知识状态下，资本的边际生产率必须被假设为超过某一点就会非常急剧地下降，就可以试图把马克思从他的前后矛盾中解救出来。根据那个假设，即使实际工资不变，积累迟早会导致利润率的下降。但是，要假设一个动态的体系中既定的知识是非常不自然的，并且这个假设显然与马克思的方法相异，因为在他的计划中，资本对劳动的比例增加，只是由于学院派计划中被认为技术知识的变化而引起的。如果知识随资本积累而发展，就不会有报酬递减的趋势，既然报酬不变，那就不可能有利润率下降的趋势（总是设想有效需求的问题被排除在外）。我们所能说的至多是：当每人资本相对于技术知识的发展速度而言增加得非常迅速的时候，可能会出现利润下降的情况。但是，在马克思看来，技术知识并不是一个独立的因素，而且当积累迅速增加时，强烈的刺激就会被应用于节省劳动的发明创造上。

况且，整套价值理论的目的是排除把生产率归因于资本的这种见解，且没有给特定要素的边际生产率的观念任何立足的空间。以资本的日益下降的边际生产率为基础的利润下降理论，和马克思的理论截然不同。

我们知道，马克思的学说建立在剥削率不变的假设之上。他会把导致剥削率提高的某些原因看做是抵消的趋势。[①] 劳动时间可以延长（每日的工资不变），并且劳动强度可以增强，例如靠提高机器的运转速度。[②] 实际工资可以减少[③]，或者日益增加的劳动量可以用于每人资本和实际工资都异常低的直接劳务中。[④] 这些全部有助于提高剥削率的趋势，它们具有显著的限度，而且马克思说它们不可能强烈到足以抵消利润率下降的趋势。这可以毫不犹豫地承认。但是，如果劳动时间和劳动强度不变，同时实际工资也不变，通过生产率提高而引起的剥削率的提高，同样是没有限度的。生产率可以无限制提高，而如果实际工资不变，剥削率将会随着生产率的提高而提高。马克思在这一点上显得有些混乱，因为当他开始讨论生产率提高对于剥削率的影响时，他在论证的中途转而

① 《资本论》第三卷，第 14 章。

② 同上书，第 273 页。

③ 同上书，第 276 页。

④ 同上书，第 277 至 278 页。我对“虚假失业”的分析（《就业理论文集》）与这种观点非常相似。

讨论改变工作日长度的影响。①

正像马克思论证中大部分令人费解的情形那样，麻烦大概是从他按照价值来计算的方法开始的。在劳动时间和劳动强度既定的情况下，所创造的价值率不变，所以，$v+s$ 不变。乍看一下，似乎只要工资下降，$\frac{s}{v}$就能提高。但这是一种错觉。生产率的提高往往会减少商品的价值，并且由于实际工资不变，还会减少劳动力的价值。因此，v 向着零下降时，$\frac{s}{v}$则向着无限大上升，而在整个时期实际工资保持不变。换一种说法，即马克思不自觉地认为日益增长的生产率没有影响到工资品工业，所以不变的实际工资是与不变的剥削率相一致的。但是，不管我们怎么解释，马克思的理论没有建立一种推论，即如果不考虑有效需求的问题，利润率总会下降。

他的理论使他认为可能产生这样的情况，即当资本持续积累时，利润总额保持不变。他把这说成是资本的绝对生产过剩。②如果利润总额不变，那么新资本只能通过牺牲旧资本来获得一个

① 《资本论》第三卷，第 294 页："各种生产力的发展，只要会把所有劳动的有偿部分减少，就会增加剩余价值，因为它会提高剩余价值率；但只要它会把一定资本所使用的劳动总额减少，它就会减少一个人数的因素，剩余价值量就是由剩余价值率和这个人数的因素相乘求得的。两个每日劳动 12 小时的工人，不能因为和 24 个每日只劳动 2 小时的工人，供给相同的剩余价值量，就令他们可以凭空气来生活，不必为自己做任何劳动。就这个关系说，工人人数的减少要由劳动剥削程度的增进得到补偿，是有一定的不可逾越的界限。所以，它能阻碍利润率的下降，但不能取消它。"

② 同上书，第 294 页至 300 页。

份额。资本家之间的恶性竞争于是开始了，而部分资本被迫“闲置”。[①] 卡拉茨基对繁荣顶点的分析[②]，同这幅图景有某些相似之处。在卡拉茨基的商业循环模型中，利润总额是投资率的一个函数。在循环的转折点上，投资率在每个时期都是不变的，利润总额因此也是不变的。但资本量在增加，所以，利润率在下降，而使这个制度陷于衰退的就是这个利润率的下降。在马克思的计划中有完全竞争，因此，部分资本被充分利用，而部分资本被闲置。在卡拉茨基的计划中有不完全竞争，而不变的利润总额由于资本利用的普遍降低而扩散到日益增加的资本量上。除了这个细小的差别之外，这两种理论显得非常相似。

但这种相似是表面的，因为在卡拉茨基的计划中，调节利润总额的是有效需求的水平，而在马克思的计划中，利润总额由于一些其他的原因，是不能增加的。而且，正如我们所知道的那样，马克思不能确立他的论点，即利润总额是不受有效需求限制的。

以不变的剥削率为基础反对马克思的理论，同时又认为实际工资不变的假设不现实，看来是无意义的。如果剥削率实际上是不变的，同时如果马克思关于技术进步会增加每人资本的假设是正确的，那看来他的公式——如果$\frac{s}{v}$不变，$\frac{c}{v}$提高，则$\frac{s}{c+v}$下降，毕竟体现着一个重要的真理。但是，这种外观具有欺骗性。因为$\frac{c}{v}$不仅取决于技术条件，而且还取决于每单位资本设备的使用。

① 《资本论》第三卷，第 295 页。

② 《经济变动论文集》，第 140 页。

也许每单位容量的资本在增加是事实，但是每单位容纳的生产量是非常变化不定的。生产量不但在繁荣和衰退之间变化，而且长期有变化。常常有繁荣和衰退，但有些时期的衰退比其他时期更加深刻和长久，所以资本的平均利用（好年份与坏年份平均），有些时期比其他时期要少。而在设备既定时，利用越低，$\frac{c}{v}$越大。因此，马克思的公式仅仅表明，如果$\frac{s}{v}$既定，利润倾向于随商业状况而升降。这是用不着幽灵从坟墓里走出来告诉我们的。

简单说来，当马克思认为不考虑有效需求问题就可以找到利润的法则时，似乎他是根据一条假的线索出发的，而他对利润下降趋势的说明，什么都没有解释。

第六章　有效需求

到现在为止，我们已经讨论了马克思理论当中忽视有效需求问题的那部分——那部分理论正如马克思所说的那样，讨论的是和剩余价值实现相对立的剩余价值生产。但是，马克思也提供了有效需求理论的原理，并且为资本主义运行法则的研究奠定基础，这个法则与利润下降趋势法则完全不同。

正统派经济学家常常排除有效需求的问题，并诉诸萨伊法则来证明充分就业的假设。这个所谓的法则，在于说明，供给创造了它本身的需求，因此，产量的增加往往会使开支充分增加以销完市场上的商品。这一命题被马歇尔以更诡辩的方式重申，他写道："一个人的全部收入被用于购买劳务和商品……这是众所周知的经济学原则，即一个人用他所节省下来的那部分收入购买劳动和商品，正像他用据说想消费的那部分来购买一样。"[①] 如果这个见解是正确的，那么就不会发生任何能够生产的产量的货币需求不足的问题了。这一正统派的原则直到受到凯恩斯就业理论的挑战，才引起学院派经济学家对它的质疑。的确，它提供了把正统派理论家从像霍布森和格塞尔这样的异端理论家中区分开来的主要

① 《纯粹的国内价值理论》，第 34 页。

暗语。

马克思并未被它欺骗。“商品流通必然造成买与卖的平衡，因为每一次卖同时就是买，反过来也一样。再没有什么比这个教条更为幼稚了……没有人买，也就没有人卖。但谁也不必因为自己已经卖，便需要马上买……只要内部非独立(因互相补充之故)过程的外部独立化进行到一定程度，统一就要强制地通过危机显示出来。”[①]

为了分析这个问题，马克思想出一套简单而又彻底的理论。他把总产出分成两大部类：生产资料和消费资料[②]，第Ⅰ部类，即生产资料工业的产量，由 $C_1+V_1+S_1$ 构成；第Ⅱ部类，即消费资料工业的产量，由 $C_2+V_2+S_2$ 构成。这种方法可以更加细化——例如第Ⅰ部类可以再分为原料和机器设备，第Ⅱ部类可以再分为主要由工人消费和部分由资本家消费的工资商品，以及只由资本家消费的奢侈品。但是就主要的理论来说，分成两部类就足够了。

为了简化分析，马克思最初把分析局限于没有净投资的体系，使全部产量用于当时的消费和替换磨损了的先前的资本。全部资本家的净收入和工资收入一样，当时被专门用于消费。马克思把这种假设看做是现实的有力抽象，因为实际上资本家的主要目的，在于用当时的剩余来获得新资本。做出这个假设仅仅是为了说明而已。[③]

---

① 《资本论》第一卷，第 87 页。

② 《资本论》第二卷，第 457 页。

③ 同上书，第 456 页。

在净投资为零的体系中——即马克思所说的简单再生产中，第Ⅰ部类的全部产量包含着资本的替换。这样，$C_1+V_1+S_1=C_1+C_2$。所以，$V_1+S_1=C_2$。第Ⅱ部类的产量等于工资加资本家的收入。这样，$C_2+V_2+S_2=(V_1+S_1)+(V_2+S_2)$。这又得出 $V_1+S_1=C_2$。第Ⅰ部类的净产量被第Ⅱ部类的资本替换所平衡。[①]

马克思用这种理论解决的第一个问题，显然是似是而非之论，即总支出必须等于总收入，同时在任何一个工业部门中，由于资本折旧，收入超过收入的支付。[②] 这就是使道格拉斯少校焦虑的问题。马克思论证了从第Ⅱ部类的观点来看，表示折旧的支付看起来像是流到第Ⅰ部类的收入。

其次，他指出，甚至一个简单再生产的体系（净投资等于零）也不能免于不均衡的危机。C 的价值部分含有耐久设备的折旧基金，这些基金一般被允许积累好几年，当设备需要更新时把它一下子用掉。如果设备存量的年龄构成是这样，即按照稳定的速度更新，那么均衡就不会遭到破坏。但是，如果机器的年龄不是均衡地分布，有些年份更新的支出就会超过折旧基金，有些年份则折旧基金不足，那么，均衡就会被破坏。当更新超过时，V_1+S_1超过 C_2；增加的 V_1就会使 V_2+S_2增加，于是繁荣的条件产生了。当折旧基金超过更新，就会出现衰退。[③]“假定在寿命完结的（有待更新的）固定资本和以旧的实物形式继续起作用的（只是为了补偿其损

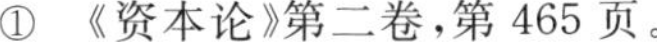

① 《资本论》第二卷，第 465 页。

② 同上书，第 473 页；《马克思恩格斯通信集》，第 67 封信。

③ 《资本论》第二卷，第 543 至 547 页。

耗把价值加到产品中去的)固定资本之间的比例不是不变……其中将要用于再生产的流动组成部分的量保持不变,但是其中将要再生产的固定组成部分的量就会增加。所以,第Ⅰ部类的总生产必须增加,否则,即使撇开货币关系不说,也会造成再生产不足的情况。在另一个场合……或者是第Ⅰ部类的生产总额减少,或者是出现过剩(就像前面出现不足一样),而且是不能转化为货币的过剩……第Ⅰ部类会要压缩它的生产,这对于该部类的工人和资本家来说,意味着危机;或者第Ⅰ部类提供的产品过剩,这又是危机。这种过剩本身并不是什么祸害,而是一种利益,但在资本主义生产内确实是一种祸害。"①

马克思提出,商业循环以十年为期这个事实,可以表明设备寿命的平均长度是十年。② 这种见解(它只是作为偶然的暗示而提出的)不能成立,因为不同类型设备的寿命长短不一,一定会抑制更新的周期,同时净投资的变动使它完全陷入困境,但是这个见解是有趣的,因为它表明马克思已得到了这个见解的线索,即投资的变动是商业循环的关键。③

马克思指明了投资是创造繁荣的条件。"因为生产资本的要素不断地从市场上被取走,而投入市场来代替它们的只是货币等价物,所以,有支付能力的需求将会增加,但这种需求本身不会提供任何供给要素。因此,生活资料和生产资料的价格都会上涨。并且,这个时候,通常是欺诈盛行,资本会发生大规模转移。投机

① 《资本论》第二卷,第545至546页。

② 同上书,第211页。

③ 参看罗伯逊:《工业变动的研究》,第36页。

家、承包人、工程师、律师等一伙人，会利用这个机会来发财。他们会在市场上引起强烈的消费需求，并附带把工资提高……在那些生产可以急剧增长的产业部门（真正的制造业、采矿业等），由于价格的提高，会发生突然的扩大，随即发生崩溃。这也会影响到劳动市场，以致把大量潜在的相对过剩人口，甚至已经就业的工人，吸纳到新的产业部门中去。”[①]

马克思断然否认了循环只是一种货币现象的见解：“在货币市场上表现为危机的事情，实际上，不过表现了生产过程和再生产过程自身的失常。”[②]

在论证的过程中，马克思提出了有重大关系的另外两点见解。第一点，国内繁荣的各种条件导致输入超过输出，同时，国内投资的不足可能会通过输出的剩余达到平衡[③]；第二点，产生“没有售卖的购买”的金矿开采，可以对活动产生类似投资的影响。[④]

不幸的是，马克思没有完成涉及净投资（扩大再生产）的手稿[⑤]，且这部分著述退而成为一些仅仅是注释的杂乱东西。然而，其主要的观念是十分清楚的。第Ⅰ部类和第Ⅱ部类的生产资料被储存起来，也就是说，没有花费在第Ⅱ部类的产品（消费品）上；因此，$V_1 + S_1$超过了C_2，并且必须由来自于S_2的新资本货物的等价支出来匹配。储蓄表示没有购买的售卖，只有当它被等价的投

① 《资本论》第二卷，第362页。

② 同上书，第365页。

③ 同上书，第362页，第546页。

④ 同上书，第549页。

⑤ 同上书，第21章，“积累与扩大的再生产”。参看第二卷，恩格斯序。

资——没有售卖的购买所抵消时，才会顺利进行。如他在一系列以数字表示的例子中所表明的那样，这样的均衡是有可能的，但是“在资本主义生产的自发的形式中，平衡不过是一种偶然现象”[①]。危机的原因可以在缺乏均衡中找到，这种均衡的缺乏对制度的稳定自始至终都是威胁。马克思没有建立起关于商业循环或是资本主义长期运动的完整理论，但是，他指出了能够建立这种理论的方向。

他否定了在他那个时代流行的粗浅的消费不足理论[②]，但是，他的分析清晰地导致了这种见解，即消费力的分配不当是麻烦的根源。恩格斯在他描述投资繁荣（与上述相关）的一节中，发现了一个插入的以备将来修订的注释：“资本主义生产方式的矛盾：工人作为商品的买者，对于市场是重要的；但当作他的商品（劳动力）的卖者，资本主义社会的趋势是把它的价格限制在最低限度。还有一个矛盾：资本主义生产尽其全力的时期，通常就是生产过剩的时期。因为生产能力绝不能利用到这个程度，不仅把更多的价值生产出来，并且实现出来。商品的售卖，商品资本的实现，从而剩余价值的实现，不是泛泛地由社会的消费需要来限制，而是由这样一个社会的消费需要来限制，这个社会大多数人常常是贫困的，而且必然常常是贫困的。”[③]

这个注释连同再生产方程式，表明马克思要从这几方面来构建他的理论：工人的消费受到他们贫困的限制，而资本家的消费受

---

① 《资本论》第二卷，第 578 页。

② 同上书，第 476 页。

③ 同上书，第 363 页。

到资本贪欲的限制，这些贪欲使他们宁愿积累财富也不愿享受奢侈。因此，对消费资料（第Ⅱ部类的产品）的需求受到了约束。但是，如果消费资料工业的产量受到市场的限制，那么，对资本货物（第Ⅱ部类）的需求就会反过来受到限制，因为消费资料工业的不变资本，不会迅速扩大到足以吸收生产资料工业的潜在产量的地步。因此，在工资和剩余之间的收入分配，就产生了一种在两大部类工业之间缺乏均衡的长期趋势。

在第三卷中，能够找到这条思想线索的某些暗示。“直接剥削的条件和实现剥削的条件，不是一回事。它们不仅在时间和地点上分开；在概念上，它们也是分开的。前者受社会的生产力限制，后者受不同生产部门的比例关系与社会的消费力限制。但社会消费力既不是取决于绝对的生产力，也不是取决于绝对的消费力，而是取决于由那种在对抗性的分配关系的基础上建立起来的消费力。这种对抗性的分配关系，会使社会大多数人的消费缩减到一个只能在比较狭隘限界内变动的最低限度。并且，消费力还会受到积累的欲望，扩大资本和扩大剩余价值生产规模的欲望的限制……但生产力越是发展，它就越是与消费关系的狭隘基础发生冲突。”①“一切现实危机的最后原因，总是群众的贫穷和他们的消费受到限制，但与此相反，资本主义生产竭力发展生产力，好像只有社会的绝对的消费能力才是它的界限。”②

要根据这些方面建立一种理论，有必要处理投资诱因的问题。

① 《资本论》第三卷，第 286 至 287 页。

② 同上书，第 568 页。

如果资本家总是准备用生产资料的剩余投资，没有考虑利润的前景，那么，生产资料的产量就会填满消费和最高可能产量之间的缺口。两大部类工业之间的均衡将会自我调整，不管消费水平多么可怜，危机都不会发生。（虽然由于资本积累和技术进步的相互作用而引起劳动后备军变动，但危机不会消除。）因此，为了确定这个理论，有必要证明，投资决定于利润率，而利润率归根到底又决定于消费力。简单地说，有必要提供一种建立在有效需求原理基础之上的利润率理论。

马克思未能做到这一点，因为他同时建立了在资本有机构成日益提高原理基础上的利润率下降趋势理论。在第三卷中，这个理论同消费不足理论难解难分地混合在一起，并且这两方面的想法的相互关系也不清楚。利润率下降理论是为了使人们的注意力从本题转移而提出的问题，它阻止了马克思探究有效需求理论。

马克思显然没有认识到正统派学说和萨伊法则同进退到何种程度，并且他着手于一项任务，即发现一个适用于萨伊法则且已经应验的世界危机理论，以及当萨伊法则被推翻时会发生的理论。这种二元论使马克思的理论产生混乱，而且使他的继承者的理论产生混乱。

第七章　正统派的利润论

马克思和正统派经济学家之间最显著的差别，表现在剩余的概念上。对马克思来说，折旧和工资是唯一必要的生产成本，而地租、利息和利润都是剩余的一部分。在正统派的体系中，土地的地租是剩余，因为土地是“自然的免费馈赠”，而且即使对土地来说没有支出，地租依然存在，但利息和利润都是资本的必要供给所付出的代价，没有资本，利息和利润不会出现。工资、利息和利润被统称为“人类努力和牺牲的报酬”。这样，人们不再注意通过劳动获得收入与通过财产获得收入之间的差别，并为利息和利润提供了道德上的正当性。

为了建立一种以资本供给代价这一概念为基础的理论，学院派经济学家发展了一种非常不自然的分析方法。除了资本量，所有相关的条件——消费者的需求、劳动和自然资源的供给，以及关于生产的技术手段的知识，都被看做是既定的，资本量则被认为以这样的方式进行自我调整，以便与既定的条件保持平衡。

通过既定的资本量获得的利润率，受边际生产率——通过追加一小单位的资本所引起的生产量的增加支配。任何既定的资本量，都被认为是用现有知识允许的最有效的方法。因此，正如我们知道的那样，相对于生产的其他要素，资本的增加会导致边际生产率下降。所以，利润率决定于资本的相对不足，而且利润率随着资本量的增加而下降。

在马克思的体系中，现存的资本无论何时都决定着被雇佣的劳动量。在正统派的体系中，无论资本量如何，可用劳动的充分就业均衡地实现了。即使假定知识状态不变，随着各种要素的不同结合，产生一定产量会有很多可选择的方式，并且人们认为生产者会用一个要素代替另一个要素，目的是为了回应相对价格的变化，所以，一定产量通常是用最低的成本生产出来，同时，消费者用一种商品取代另一种商品。因此，可以从一定的支出中获得最高限度的满足。所以说，有关要素价格的变化，既改变了用于生产一定商品的诸要素的结合，又改变了需要不同要素结合的商品的相对产量。各生产要素的相对价格，被认为均衡地稳定在各生产要素都被充分使用的水平上。

在学院派经济学中，替代原则占有重要地位（可能是过分夸大的地位），而且这是继承马克思的一代人所采用的分析方法的主要精华之一。而他完全忽视了这个原则。他认为，在既定的技术知识下，在每种工业中只有一种劳动和资本结合的可能，而且他并不关注消费者的代替。

这使他的分析显得有点幼稚。另一方面，他注意到要素供给变化对于技术知识本身的反应。在他的体系中，因技术变化引起的失业——劳动后备军，是关键性的结构之一，这调整了生产诸要素的相对所得。正统派体系把技术知识的变化，看作是均衡状态的任意改变。当然，失业可能会因为这些变化引起，但这是暂时的，注意力集中在适应于新的生产技术的均衡状态。在这种状态下，劳动将再度保证充分就业。因此，在正统派的计划中，因技术变化引起的失业，显然是模糊地出现在集中于均衡状态视野的边缘，马克思则把视野集中在产业后备军，且让替代的原则处于一片朦胧之中。

可是，比起马克思和正统派经济学家之间在资本供给问题上见解的全然不同，这些分歧还是次要的。

在马克思看来，想要占有资本的愿望无须加以解释，而且只要有任何可获得的利润，资本家不仅保存他们拥有的财富，而且还会不断地积累财富。在正统派的体系中，财富的所有者“低估了未来”，因此，如果资本的报酬降到一定水平以下，他们就感到继续占有资本是不值得的，并且会贪婪地把资本投入到现在的支出上。因此，利息率是等待的报酬——不消费掉自己资本的报酬①，而利润（折旧后的净利润）超过有担保放款的利息，是承担风险的报酬。这些一起构成资本的供给价格，并且在利润率等于现存资本量的供给价格时，资本量才是均衡的，既不增加也不减少。

① 等待，意味着占有资本，有时与储蓄相混淆。储蓄的意思是通过不消费现有收入来获得资本。在马歇尔的《经济学原理》的第一版中，没有这种混乱：“一个人在长时期内靠延迟享受而获得的剩余收益，是用利率来衡量的（如我们在某些条件下所看到的那样），是等待的报酬。他可以通过继承或任何其他方式获得财产的实际占有，无论是道德的或不道德的、合法的或不合法的。但是，如果他具有把那个财产消费掉以获得立即满足的能力，而他宁愿采取这样一种形式来处理它使他得到延期的满足，那么，延期满足对立即满足可能有的任何优越性就是他的等待的报酬。当他按有担保放款把他的财富出借时，他因放弃使用财富而获得的净付款，可以被看作是对这种报酬的一种量化衡量。”［脚注］“……也许最好说，有三种生产要素，土地、劳动和免不了等待的牺牲。”（《经济学原理》第 7 章，第 614 页）马歇尔在这里清楚地认为，等待只是占有资本。在后来的版本中，这一段被删除了。在其他段落，例如《经济学原理》第七版，第 7 章，第 233 页，等待显得含有储蓄的意思，而争论就变得非常费解了。

马克思的分析太过简单，但正统派学说又太牵强附会。“低估未来”的见解不是根据直接的观察，而是来自于想把占有财富当成是“牺牲”的愿望。它在逻辑上能够自圆其说，但是几乎没有现实意义。一个完整的积累理论无疑是非常复杂的，而且我们可以说“低估未来”应该在其中的确起着重要的作用。不难看出，这个作用是不大的。因为在一个“低估未来”占优势的世界中，那里不会有失业问题。在这样一个世界中，失业一旦出现，只要降低利息率就行了。那时，财富的所有者会增加他们的支出（在等待报酬率较低的情况下，宁愿选择当时的快乐）。在奢侈品工业中的繁荣会得到发展，提高它们能力的投资会变得有利可图，并且（因为允许劳动时间从一个工业部门转移到另一个工业部门）失业会消失。贫困和社会不公仍然存在，但是失业将会变成一个偶然性事件。

很难说这种景象与现实相符合，也很难说所有失业灾难是由于某种使利润率不能下降得过快足以使得灾难免于发生的障碍因素。的确，卡塞尔教授[①]提出过类似的主张。但是，他的理论是想证明“利息的必然性”，而只要我们把它转移到失业问题上，它的缺乏合理性就会变得很明显。利息率的存在必定会限制资本的供给（这点将在下一章讨论），但是我们不能把利息率与等待的必要供给价格等同起来。

为了说明作为承担风险的供给价格的净利润这一概念，有必要对使用均衡分析这个工具的两种方法加以区别。一种方法是按照字面意思来解释静态条件的假设。如果商品的需求、生产技术

① 《利息的性质和必然性》，第 148 页。

以及劳动和天然资源的供给长期保持不变，使资本量可以适应它们，那么，静态均衡就会建立。一旦它建立，什么都不会改变，今天只是昨天的重复而已。

在这样的条件下，所有的工业部门都将专心于日常工作，也不会有进取和创新的余地了。那时也不会有企业家要去完成的任务，例如维克塞尔[①]曾说过，企业家的所得将降到一个经理的薪金水平。除了利息率外，资本将只能赚得利润，而且净利润将消失，因为如果个人“仅仅以企业家的身份就能获得产品的一部分……为了获得这样一份容易赚取的收入，每个人都会蜂拥而上”[②]。但这种理论并不能站得住脚。仅仅一个企业家没有完成任何有用的任务这一事实，并不能充分保证他没有接受任何收入。如果酒店老板们没有参与经营他们的店铺，并不能说竞争会消除卖啤酒的佣金，因为竞争是受当局选择发行的执照数量限制。在工业中，是否允许参与追逐利润，取决于是否具备了开厂所需要的占有若干资本或是取得若干信用。只有参与到工业中是完全自由时，竞争才会消除净利润，而且参与工业的自由不是必须受到静态条件的要求支配。[③] 这需要，要么任何个人按照一般的利息率能够借到无限多的资本（这种情况在现实中肯定是找不到的），要么生产可以在只需要少量资本的单位进行。维克塞尔的理论似乎可以言之成理地运用于一些行业，例如棉纺织业或是零售业，在那里熟练工人有机会成为小资产阶级，尽管这些行业的创业资本是如此高，以

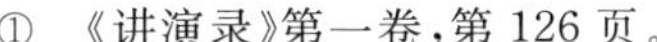

① 《讲演录》第一卷，第 126 页。

② 维克塞尔，上述引文。

③ 维克塞尔自己指出，他的学说不适用于存在垄断的地方。

至于那些不熟练的工人不敢问津。但这样的行业现在是例外，而且即使它们得以残存，也会在大规模企业的前进中退却。如马克思所指出的，现代技术助长了资本的集中，且利润水平是受到企业的稀缺性支撑的，这种企业的稀缺性不是因为承受风险的实际成本，而是因为能够承担风险的个人稀缺。

在不同行业之间，参加企业的财产资格有很大的不同，而如果静态世界包含如我们在现实中看到的那些技术手段和财富的不均等，那么就得设想其各个工业部门处在一个层级之中，参加越难，利润水平越高。大资本都在享有高利润率的行业中，而小资本都聚积在利润率低的行业中。

像维克塞尔一样，马克思忽视了利润的等级，而且使用了简单化的假设，即认为利润率在所有行业中倾向于均等，但在他那里，等级的简单化完全不同于维克塞尔使用的，后者想要证明利润不仅是统一的，而且一律最低。因为，维克塞尔是把资本主义制度最显著的特点抽象出来，而马克思只不过是把不同工业部门之间的一些区别抽象出来。

利润的等级，包括了不同工业中的利润水平，这些利润水平没有高到足以引起新的竞争的程度。在动态条件下，在新工业扩张期间，利润高于它们在等级组织中的水平，而当某一工业部门相对于需求来说过度扩张时，利润就低于它们在等级组织中的水平(这样的情况可能会持续无限长的时期，因为一个工业部门所投资的资本被排除时，它的利润水平通常比引起新竞争的水平要低得多)。在任何特定的时期进行的利润调查将表明，随着资本总量发生变化，利润的平均水平就会偏离均衡水平，许多工业部门在等级组织中的地位显得不适当。

当静态的分析方法被用来通过比较指出，在动态世界什么是获利的行为时，它是合理的。但通常它被用来表明，因为净利润会在均衡中消失，所以它是无关紧要的，并且会在分配的分析中被忽视。这种理论即使根据它本身的理由来说是正确的，也是离题的。因为，正如马克思清楚地看到的那样，资本主义制度的动态发展是固有的，而在一些最根本性的方面，静态世界是与资本主义的现实世界完全不同的。按字面意思理解，静态条件的分析不会比猜测月球上存在什么样的生物更令人感兴趣。

马歇尔并没有荒谬地按字面意思理解静态假设。他仅仅是把均衡概念作为一个分析方法来使用。在任何时候，都存在这个体系所趋向的某种均衡状态，但是这个均衡状态的转移会比这个体系朝着任何均衡状态发展要快。因此，不确定性继续保持，而且承担风险的成本也计入计划均衡的资本供给价格。①

这种分析是介于静态论和动态论之间有些尴尬的中间物。但它具有比缺乏文雅更严重的缺点。在马歇尔的体系中，较有风险的工业部门比稳定的工业部门要求更高的利润均衡水平。就其本身来说，这是他学说中的一个优点，因为很显然该理论与现实相符。但它模糊了限制参加工业的财产资格对利润产生的影响，并且使人们的注意力（像维克塞尔学说一样，虽然采用了不同的方法）不能集中到利润体系的最主要特征上。

而且，把承担风险成本作为资本供给价格的一项要素的见解，

① 庇古：《福利经济学》，附录一：作为生产要素的承担不确定性。

最多是含糊不清的。首先,它不适用于实际利润,而只适用于预期利润。在一个细节上不确定而在整体上稳定的世界里,在实际的眼前利润和预期利润之间可以建立某种确定的关系,但是在不稳定的时期,这种关系是如此复杂以及游离不定,以至于不能经受得住分析。关于它,可以做出同样的貌似有理的假设,并且的确,“对业务信任的反应”已经成为一个意外的救星了,这使经济学家能够证明他们想要证明的任何东西。其次,不愿使财富承担风险基本上是主观的,除了以假设为论据来狡辩,并用实际的利润水平来衡量承受风险的成本以外,也没有办法来发现它的运行法则。第三,资本供给价格的主观因素,显然更多地是受资本家过去的经验影响,因此,他们感到有充分吸引力来证明进取心的利润水平,大都是根据关于何者是有理由预期的传统见解。

但这不是最坏的。即使我们能够形成一个清楚的关于平均利润率的概念,它也是和现实世界不相关的。均衡利润率是导致没有净投资的利润率。但从历史的进程来看,自从工业革命开始以来,净投资一直在进行着。因此,在好年份和坏年份交叉的年代中,实际的利润率已经超过了平均利润率。异常的利润却是正常的规律。

而且,战争期间的经验表明,整个竞争性的放任制度是适应资本积累的强烈向上趋势的。如果资本长时期不积累,那么,在衰退时期的负投资会抵消繁荣时期的投资,而以 19 世纪 30 年代的经验来判断,竞争性制度不可能在负的净投资引起的一系列衰退时期长存。旨在牺牲其他国家或工业部门,为了保护一个国家或一个工业部门的利益采取的以邻为壑的方法和垄断计划,以及旨在增加整个活动的扩张主义政策、新政和试验，大大地限制了放任的作用；同时，通过减少收入的不均衡来限制衰退的深度的尝试，必然会使利润体系发生更加根本性的变化。

因此，整套均衡理论似乎不适用于现实。马歇尔的分析方法，是以追求曲线之类为基础的。坐在自行车上的人是运动着的长期均衡状态。追他的狗所经过的路线就是短期状态。但是，当他慢下来，如果狗想要咬穿他的自行车胎，那么数学方法就会使我们失望了。

如果正统派关于资本的确定的供给价格的见解，在实践中瓦解了，我们除了马克思的下述见解一无所有，即资本家为了维持生计不得不积累资本，所以资本被积累和维持着。正如我们所知道的，缺乏投资诱因的清楚论述，是他关于危机论述中的一个弱点，但从一个长期的观点来看，它可能还是没那么重要，而且在非常广阔的限度内，任何预期的利润水平，都足以维持这个制度的运行。凯恩斯提出了这个观点，虽然所用的言辞比马克思温和："很大的可能是，我们决定去做一些积极的事情，它的后果在很长时间后才体现出来，而要不要做这些事，大概不是先把可得利益的多寡，乘以得到这些利益的可能性，求出一加权平均数，然后再决定。大多数决定做这些事情的人，只是受原始的精神冲动驱使。不管企业发起的缘起做得多么坦白真诚，假使说企业之发起，真是因为缘起上所举的理由，那只是自欺欺人而已。企业依赖于精确计算未来利益得失，相对于南极探险依赖于精确计算未来利益得失，略胜一筹。"[①]"赌注不必像今天这么大，只要玩者习惯于下小赌注，减少

① 凯恩斯：《就业、利息和货币通论》，第161至162页。

赌注依然会达到这个目的。”①

因此，有了资本供给价格的见解，把利润作为生产的必要成本而在道德上为它辩护的理由就会消失，正统派的整套辩护也会一败涂地。

① 凯恩斯：《就业、利息和货币通论》，第374页。

第八章　就业通论

到目前为止，我们已经研究了正统派的长期均衡理论，这个理论适用于这样的情况，即资本量被调整得适应于净投资为零的环境。使资本量适应于环境的任何变化的过程，需要一个很长的时期。因此，有必要通过分析积累过程正在其中进行的短期情况来补充长期理论。

正统派的短期理论，从来没有被准确地阐述过[①]，但是它的主要梗概似乎如下所述：在任何时候，利润率是由现存资本量的边际生产率决定的。在符合那个利润率的利息率中存在着社会所愿意承担的储蓄率，而且这个储蓄率支配着资本量的增长率。[②]

最近几年围绕着这个理论的论争，已经转移到失业问题的应用上。但在正统派的计划中，就业理论几乎不存在，而在原来的安排中，提出这种理论的主要目的是在为收入的不均衡分配辩解。不均衡分配有利于储蓄，因为它可以使大量收入集中在少数人手

---

① 凯恩斯：《就业、利息和货币通论》，第195页。

② 马歇尔在这种资本利息率理论上，加上了一种货币理论，认为黄金数量的增加会降低利息率。但他并未讨论黄金数量在影响利息率方面在任何时候所起的作用（《在金银委员会上的证词》，官方报告，第23、38、130页）。这两种关于利息率的学说未能成为一致的体系，已经是马歇尔继承者发生混乱的根源。凯恩斯：《就业、利息和货币通论》，第161页。

里，他们无须不舒服地勒紧裤腰带，就可以使他们的消费需求得到满足并积累财富。因此，对不均衡的任何打击，例如重征累进税，被认为是对社会的危害，因为它使资本积累的源泉干涸，从而阻碍了经济的发展。①

这种理论即使言之成理，也有点强词夺理。我们设想社会面临着这样一种选择，即是选择比较均衡的收入分配和较低的资本积累率，还是选择比较不均衡的收入分配和较高的资本积累率。很明显，选择了较高的积累率，社会就不会把节制的负担加在实际进行储蓄并且享受随之而来财富占有的那些人身上，而是把负担加在分配更加均衡时收入会更多的那些人身上。所以，可以做出一个有力的假设，即节制的过大负担会强加在人民大众身上，就是因为那些享受利益却不分担成本的人的存在。的确，有人认为，从长期来看，穷人会从富人的储蓄中得到好处，因为积累提高了生产率和一般的生活标准。但一个人为了把财产传给他的子孙，以挨饿来破坏他儿女的健康，这种人的精明是没有人会赞扬的。

而且，如果认为社会为了促进储蓄而忍受不均衡，那么很显然大部分较高的收入，会耗费在为富人提供奢侈的生活标准上。收入的不均衡分配，是获得必要储蓄的极其不经济的方法。把不均衡说成是正当的，因为它促进储蓄，这种理论倒过来了，并且变成一个由国家支持的结合着消费力均衡分配的团体储蓄理论。

但对于正统派论点的攻击，最近从一个完全不同的方面展开

---

① 参看拙著《经济学家的说教》（论文集）。马歇尔并没有认同这种见解，而相反地认为“安静而不引起纷扰”的再分配措施，实际上可以促进物质财富的增长。马歇尔：《经济学原理》，第七版，第230页。

了。凯恩斯在他的《就业、利息和货币通论》中，向正统派在他们的方案中认为理所当然的观点，即储蓄促进资本积累的观点发起了挑战。

他指出，储蓄率支配积累率的理论，取决于充分就业的假设。如果充分就业有保证，除非消费下降以至于为投资工业释放劳动，要不然实际资本中的投资不能增加。而且，消费的每一次下降都会被吸纳释放的劳动而增加的投资所抵消。于是，投资率被社会的储蓄需求支配。但是，充分就业的保证，可以在正统派的理论中找到，而不是在资本主义制度的实际运行中找到。一种没有给失业留下空间的理论，即使它与资本主义发展的早期阶段相契合（这也存在争议），它与现代世界也是不契合的。

在凯恩斯的计划中，投资率不是取决于社会愿意负担的储蓄量，而是取决于这样的看法，即企业家认为与借入现金的利息率相比较，新资本更能获利。当企业家不管出于什么原因，决定提高投资率，活动增多了，收入也因而增加了。收入的增加，通常会导致社会消费的增加，这比最初收入的增加要少一些，因此，储蓄随着收入而上涨。投资率支配着储蓄率，而不是相反。在最初，储蓄意愿的增强，在对消费品支出的减少中显示出来。这会减少收入，以至于增加的储蓄不能实现。同时，消费品工业的获利性减少了，所以，投资率倾向于下降而不是提高。简言之，储蓄是资本积累的必要条件，却不是充分条件。

这种理论与马克思用消费资料工业与生产资料工业之间的平衡来分析再生产相一致，而且发展了他为其奠定基础的理论。尤其是，马克思关于剩余价值超过资本家的消费（储蓄率）的观点，受到新的资本品总支出(国内投资),输出超过输入(国外投资)和黄金生产的限制,由于凯恩斯的理论而加强了。被马克思忽视的许多细致复杂之处(例如,工人阶级储蓄、失业支付和政府借款的影响),这些在凯恩斯的理论中都有详细的阐述,虽然在马克思把投资看做是“没有售卖的购买”以及把储蓄看做是“没有购买的售卖”的分析中,我们已经清楚地看出其主要梗概了。

凯恩斯对正统派攻击的后果,影响深远。首先,它击破了为不均衡进行虚伪辩护的根据,并且让我们用新眼光看待社会制度的巨大悖论。

其次,它表明,在维持充分就业的放任制度中,不存在自动的自我调整机构。根据正统派学说中的一种想法,这种机构是由劳动市场上的自由议价提供的。任何人只要按照低于市场的一般工资来出价,总会得到工作;工资往往可以衡量劳动的负效用,如果全体工人坚持要求一个他们不会全部被雇佣的工资水平,失业的后果就是自愿的,确切的说,根本不能认为是失业。[①] 按照凯恩斯的观点,这种理论建立在文章的似是而非的推论上。这并不表示,因为任何人可以通过削减工资获得就业,所有的工人就应该这么做。这个问题将在接下来的第十章加以讨论。

根据正统派学说的第二种想法,一个自我调整的机构由利息率提供。与充分就业相契合的收入总额和消费总额之间,在任何时候都有一定的脱节之处。当充分就业实现了,这种脱节之处可以通过投资填补。在正统派的计划中,利息率是由来自社会的储

① 凯恩斯:《就业、利息和货币通论》,第16页。

蓄供给和企业家投资的储蓄需求之间的相互作用所决定的。所以，利息率想要找到企业家希望承担足以填补这个脱节之处的投资率水平。但是凯恩斯指出，如果利息率不能使投资与储蓄平衡到提供充分就业，储蓄就会因为活动不能到达充分就业的水平，而与投资相平衡。因此，使储蓄与投资均衡的过程，并没有为充分就业提供任何保证。

正统派理论试图用一个等式来解决两个变量的问题。凯恩斯通过论证利息率如何决定于货币的供求关系，从而填补等式中的残缺之处。尽管马克思并未注意利息率的货币分析，但这和他的体系并不矛盾。他反对正统派的“货币数量论”(认为价格水平随着流通中的货币数量变化的理论)，即认为流通中的货币数量决定于对货币的需求，就是说，决定于商业习惯、活动状态和价格水平的观点。[①] 货币流通量和现存货币量之间的差额被吸纳在贮藏中。当流通中的货币需求增加时，贮藏就会减少。[②] 在这一点上，凯恩斯与马克思恰好是一致的。根据凯恩斯的分析，在流通中对货币需求的增加会提高利息率，并且会诱使持有货币的财富拥有者把货币转移到有息证券上去，因此放出他们货币贮藏的一部分用于自动流通。

马克思并没有讨论贮藏与利息率之间的关系。他认为，利息不过是食利者和经营资本家之间分配剩余的一个机构而已。按照他的观点，不可能对利息率的运行做任何概括[③]，这是由贷者和借

① 《资本论》第一卷，第 92 至 99 页。

② 同上书，第 111 页。

③ 《资本论》第三卷，第 82 页。

者之间讨价还价力量的折冲所任意决定的。而且他并不重视它对于经济生活中其他因素的反作用。

一般说来，根据凯恩斯的观点，当经济活动低迷时，利息率倾向于下降，而且自动流通中的货币需求减少。因此，当就业机会减少时，利息率往往会减少储蓄的诱因而增加投资的诱因。反之，当经济活动活跃时，利息率会上升。因而，在正统派的利息率理论中，某种力量作为经济制度的调节器仍然存在。[①] 在此基础上，正统派阵地新的防御被筑成了，它把上述两种想法合并起来。按照这种观点，只要有失业，货币工资就会下降，而工资的下降往往会减少对货币的需求，从而使利息率降低。这样，有可能让人意识到，失业会自愈，严格说来这一点是正确的。[②]

但一般来讲，现代学院派理论的趋势是几乎不重视利息率对于就业的影响。一方面，它指出长期的利息率很少随着就业的变化而变动。[③] 另一方面，即使当利息率变动时，它对投资诱因的影响，也局限在住房和公共事业方面，在那里历时长久的资本面临的是比较稳定的需求。在其他方面，设备的折旧如此迅速，而且需求如此不稳定，只有当预期的总报酬大大超过了利息率，以致即使利息率发生大的相应的变化，而对投资诱因产生微不足道的影响时，才会有投资出现。因此，尽管利息率的运行证明处于正确的方向，但利息率本身是一种很微弱的影响，不足以调节投资水平。

① 参看拙著《就业理论导论》，第 82 页。

② 庇古：《货币工资与失业的关系》，《经济学杂志》，1938 年 3 月，第 136 页。

③ 米哈尔·卡莱茨基：《论文集》，第 114 页。

利息率对储蓄诱因的反作用，往往是成问题的。正统派理论如果能证明，储蓄对利息率的变化高度敏感，它依旧可以部分地证明是合乎情理的。但正如我们已经知道的，这种理论的条理太脆弱了，以至于它不能支持正统派理论的全部重量。

所以，在现代学院派看来，利息率的重要性在传统理论中被过度夸大了，马克思对此一概加以忽略，毕竟没有大错。

凯恩斯对正统派理论的批评，主要涉及短期方面的失业问题，但它附带地破坏了长期资本供给价格理论的基础。在他的计划中，利息率显得是积累的一个障碍。因为在放任的制度中，一个资本品要存在，它必须获得利润，至少是通过借贷获得的利息，等于它的成本。所以，资本必须维持稀缺得足以赚得必要的利润，而利息率越高，资本肯定越稀缺。因此，一个高利息率（就其有影响而论）不仅短期内会妨碍积累，而且长期内会减少资本量。凯恩斯先生也许把当局控制复杂利息率的容易程度夸大了（尽管战时和战后英国的经验给他的观点提供了一个明显的例证），但无论如何，这一点是清楚的，即当局把利息率压得越低，资本量可能越大。因此，认为利息率是资本必要供给价格的一个要素的见解，是没有根据的。

凯恩斯的长期扩充理论，把劳动后备军的问题带到了图景的最显著位置。储蓄的倾向和投资率，在任何时候，都决定着实际产量水平。随着时间的流逝，劳动生产率提高了，而符合一定水平生产量的就业数量却下降了。因此，生产技术在决定就业水平方面发挥着重要作用。

最后，凯恩斯先生证实了马克思的直觉，即生产力和消费力之间的长期矛盾是经济危机的根源。收入的分配不公限制了消费，从而提高了维持繁荣所需要的投资率，与此同时，它又通过限制资本能够生产的消费品需求，缩小了有利投资的范围。地理大发现和技术发明，为投资开辟了其他领域，而战争时不时地吸收大量的资本。的确，资本主义制度的存在证实了这一事实，即长期的迅速积累是可以出现的。但它们的再现，至多是时间的不确定，而且当投资的刺激衰退，生产能力与消费能力之间的基本矛盾，就会表现为浪费和贫困，这种浪费和贫困的原因越清晰，它们也会变得越难以容忍。凯恩斯的理论给予马克思的论点强烈的支持，即“资本主义生产的真正限制，是资本本身”①。

马克思主义经济学家一般都倾向于掩饰马克思理论中的消费不足要素，而最清楚地加以发展的是罗莎·卢森堡，一般被认为是异端。消费不足的理论和改良的诉求联系在一起，而不是同革命相联系，认为也许可以使资本主义的运行令人满意，由于这个缘故，它们和马克思的信条是格格不入的。

消费不足的理论与维持企业自由的愿望和对革命的厌恶相联系，这在凯恩斯身上再一次得到例证，他把自己的理论看做是“其含义是适度保守的”②，并且觉得格赛尔的哲学比马克思的哲学更使他感到意气相投。③ 但这种联系是表面的，因为收入的分配不当，正如马克思所相信的利润下降趋势一样，已经深深地埋藏在资本主义制度中，除非这个制度发生巨大变化，要不然它们不会消

① 《资本论》第三卷，第 293 页。

② 凯恩斯：《就业、利息和货币通论》，第 377 页。

③ 同上书，第 355 页。

除。与改良相对的革命的问题,可以根据《资本论》第二卷和第三卷的分析加以论述。

第九章　不完全竞争

两次大战期间的衰退情况，促使凯恩斯就业理论的产生，也导致正统派价格理论的彻底修正。

正统派理论建立在完全竞争假设的基础上。在完全竞争之下，没有单个的生产者能够通过改变生产量的比例而影响他的商品价格。各个生产者被认为是按照这样的生产量比例来生产，使边际成本等于价格。边际成本的定义是，生产量比例中每一小单位的追加所引起总成本的增加，从而使利润最大化。在短期内，资本设备一定的情况下，边际成本等于边际直接成本，生产量的每一小单位的追加都必然涉及工资、原材料、电力和磨损方面支出的增加。因此，在任何时候，价格等于边际直接成本，而提供间接成本和净利润的超过直接成本总额的收入，等于边际直接成本减去平均直接成本，再乘以生产量。

现在，在制造工业的一般经营中，当生产扩大，只有当接近设备生产的全部容量时，直接成本价格才会急剧上涨。所以，在完全竞争之下，任何公司按照低于最大生产能力的产量进行生产，势必损失其全部间接成本，并且不会有继续生产的动机。[①] 因此，在完

① 马歇尔是知道这种困难的，为了解决这种困难，他在“担心搞坏市场”的借口下，在不完全竞争中提出了这个问题（《经济学原理》，第七版，第 375 页）。

全竞争下，规律是这样的：要么满负荷生产，要么根本没有生产。但实际上，满负荷生产即使在普通繁荣时期也是少见的，而且，衰退的条件通常会导致所有工厂产量的比例缩减，而不是若干工厂生产的全面停顿，其余工厂却满负荷生产。所以，看来在实际上，售卖商品的完全竞争不能算是规律，而价格超过直接成本，也不能单单以边际直接成本与平均直接成本之间的差额来说明。

为了应对这种困难，一种新型的分析发展起来了。这种分析假定，每个生产者面临的不是他无法左右的商品定价问题，而是相反，即只有当他压低价格，或是为广告之类分担更大的销售成本时，他增加的产量才会销售出去的问题。为稍稍增加他的产量中的可销售比例所要求的削价（不顾销售成本），据说取决于对他个别产品的需求弹性，也就是说，取决于他的销售的相应变化对价格的相应变化的比例。当价格等于边际成本乘以$\frac{e}{e-1}$时，他的利润最大化，这里的 e 就是对他产品的需求弹性。例如，如果 e 等于 3（销售相应的增加是价格相应下降的三倍），那么，价格就超过边际成本 50%。这为价格超过直接成本提供了一个说明，直接成本并不依据边际直接成本和平均直接成本的差额而定。

既要考虑到商品销售市场上的不完全竞争，也要考虑到劳动市场上的不完全竞争。在正统派对于完全竞争的分析中，每个雇主被认为面临着与他所用劳动量无关的一定的工资率，因为他提供的就业量在整个就业量中所占的比例太小，不足以影响工资率。人们认为，他应使他提供的就业量达到这一点，即如果再雇佣一个人，劳动的边际生产率（再多雇佣一人所造成的生产量价值的增加）就会降到工资以下。这样，边际生产率就与工资均衡了。

劳动市场上的这幅完全竞争的图景，甚至比商品销售市场上的完全竞争更脱离现实。当工人在尚无组织的情况下，每个雇主都极有可能面临一群除了为他工作之外很少或根本别无选择的工人，所以无论他给出什么样的工资他们都被迫接受，否则，为了从更远的地方吸引工人，他不得不支付更高的工资。因此，这是符合其利益的，根据独买（垄断购买）的原则继续，并在适当考虑工人们的效率之后，只对那些能够接受最低工资的工人提供就业机会。

在盛行集体协议的地方，工资通过与全行业协议确定，可以设想，根据竞争规律，每个雇主都会雇佣使边际生产率与工资相均衡的人数。但我们仍然需要面对雇主阶级全部独买的做法，这种做法，在今天还像亚当·斯密说的那句话一样重要，他说："雇主们为了不让提高劳动力的工资超过实际工资率，随时随地都保持着一份默默的但是恒久不变而一致的团结。"[1]对单个雇主来说，劳动的边际生产率可以大于工资，只要是为了把就业压到一个点，即边际生产率减少到与工资相均衡，这是为与其他雇主竞雇工人所必需的。"这是最不受欢迎的做法，将为其邻居和同行业者所不齿。"

根据这种分析，劳动在总产品中份额的主要影响是销售商品和购买劳动力的竞争的不完全程度。在生产的各个阶段，从原料工业到零售商店，卖方往往在受市场弹性需求支配的直接成本上加上折扣，而这一阶段的折扣被加入下一阶段的直接成本中。

在消费品市场中，相对少的卖者面对多数的买者，以至于不完

① 亚当·斯密：《国民财富的性质和原因的研究》，第8章。

全竞争证明有利于卖者。在劳动市场上,形势倒转过来。因而,劳动在总产量中所得的份额,便在垄断和独买这两块磨石中被碾得粉碎。

对这个问题的说明,像极了恩格斯在《资本论》第三卷序言中所引用的莱克西斯的理论。[①]“这些资本主义卖者、原料生产者、制造业者、批发业者、零售业者,都会在他们的交易上赚到利润,因为他们每一个都会按照买价以上的价格来出卖,都会把商品本身的成本价格,依照一定的百分率提高。只有工人不能实行类似的价值增加,他受到压迫,为了获得生活资料,被迫以与其生产成本相对应的价格把劳动卖给资本家。……这种价格增加,对于以购买者资格出现的工资工人,有充分的意义;结果是总产品价值的一部分转移给资本家阶级。”恩格斯非常赞同这一论述(虽然是勉强的),他说,“得到和马克思剩余价值理论相同的各种结果”。因此,莱克西斯在马克思和现代理论之间提供了一座桥梁。

但是,虽然现代理论和马克思的分析之间有某种寓意上的近似[②],它们在形式上是完全不同的。因为,在马克思的计划中,产能不足的生产是不可能的,而任何公司生产量的限度,不是由市场

---

① 《资本论》第三卷,第 19 至 20 页。

② 在现代理论影响下,观察“剥削”这一概念的嬗变是很有趣的。在正统派的计划中,当(由于垄断的影响)劳动力所得的工资低于完全竞争下占优势的工资时,工人就被“剥削”了。在马克思的计划中,工人被剥削到使资本获得一个净报酬的程度。在现代的计划中,不仅利息和净利润,而且连间接成本也包括在内的整个部分,从其形式上的意义来说,是一种垄断利润,所以在正统派看来,是剥削的结果,虽然它的某一部分包括必要的生产成本。因此,道德上的理由和分析上的理由不可避免地混在一起。麻烦发生于企图把完全竞争的标准应用到一个世界中来,在这个世界中是从来找不到纯粹是教科书形式的完全竞争的标准的。

的不完全来规定，而是由资本的设备能力来规定。现代理论揭露了资本主义中许多比较次要的缺点，而关注主要问题的马克思，却等闲视之。

用来对这个制度的性质进行一般的讨论，这个理论是足够合适的。但它的基础颇为不稳，不足以承受精确分析的上层建筑。对经济学家来说，$\frac{e}{e-1}$是一个有魔力的公式，但对商人来说，他的产品需求弹性充其量来说是一个模糊的概念。这只能靠试验和误差，靠本能或推测来发现。试验和误差都是危险的。试验也许会涉及削价，而这会使消费者变得贪婪，并且会因为价格再次提高引起消费者的愤怒而“破坏市场”。误差必然造成损失。当不是太坏的时候，商人会满足于现状。本能和猜测很大可能会使他只是采取和别人同样的做法。所以，毛利率，或者说加在直接成本上的回扣，很大程度上取决于历史的偶然，或是商人之间对于什么是合理的传统见解。而在一个不完全竞争团体中根深蒂固的任何传统的行为方式，往往会产生稳定的结果。只要所有人都拘泥于同一种成规，每个人就能享受他的市场份额，并且，每个人都会认为他是遵照严格的竞争规则活动的，尽管，实际上这整个团体，由于不自觉的共谋，把适度的垄断强加于市场。

毛利率，无论它是怎样决定的，总可以用$\frac{e}{e-1}$的公式来表示。例如，如果在某个例子中发现，价格等于直接成本加直接成本的50%，那么，我们就可以说，有关生产者采取的行动，恰如他认为他的市场需求弹性等于三。但是，这样说，我们对于毛利率如何决定的知识就没有什么贡献了。

上述理论，适用于多少带有竞争性的企业的一般经营。在公开的垄断占统治地位的地方，或在某类商品由少数强有力的公司生产的地方，策略上的个别变化就有很大的余地，但关于什么东西支配着每单位产量的利润差额，很难做出任何的概括。

这一切，在正统派价值理论的光滑表面上，划出一道很深的缺口，看来经济科学还没有解决首要的问题——什么东西决定一个商品的价格？

马歇尔在其关于价值理论的最初陈述中写道："经济科学的主要规律"，是"每个在自由竞争统治下为自己的利益打算的生产者，在一定时期内，将力求为一定市场生产的任何商品的数量，调节得一般都能恰好按照有利可图的价格找到买主"[①]，而有利可图的价格被定义为允许资本有正常的利润。这一段话可以看作是指向两件完全不同的事情。它可能意味着，每个被他自己利益计算支配的生产者，在每一时刻，都按照当时的生产量比例，通过使边际成本和边际收益相均衡的办法，实现利润的最大化。现代学院派经济学家已经在探究这种见解的必然的结论，而我们知道，这种探究已使我们陷入陈旧的毛利润差额的泥潭中。

另一种见解是，每个生产者所努力去维护的，不是能使他当时的利润最大化的价格，而是在长期内有利可图的价格。这乍看起来似乎是有理的，但它完全是一种以正常利润为既定的东西而得出的结论，正如我们所知道的，关于正常利润问题，学院派经济学未能提出任何与现实世界有关的理论。而且，即使正常利润的问

① 《纯粹的国内价值理论》，第3页。

题解决了，还得探究，什么样的设备利用水平在长期内是正常的。一般来说，在好年份和坏年份交叉的年代里，利用水平越低，带来既定利润水平所需要的毛利差额就越高。但在其他情况不变的条件下，毛利差额越高，利用水平就越低，因为如果需求的预期变动不变，工业中寻求就业的资本量就受市场上规定的毛利差额支配。而所用的资本量，影响着每单位资本的平均利用。这三个决定性因素，即每单位产量的利润、每单位资本的利润和每单位产量的资本，全都是相互依赖的，而整个分析会陷入疑惑的阴霾中。

马克思关于资本总是被充分使用的假设解决了这个复杂问题。但正如我们所知道的，他的分析不过产生了这样的理论，即产量中的劳动份额取决于议价能力。马克思所说的剥削程度和学院派的公式$\frac{e}{e-1}$，仅仅各自提供了一种简易的方法来说明各种力量对劳动和资本之间的产品分配起作用的结果。它本身既不是一个独立的力量，也不会产生任何简单又连贯的分配规律。

但分配的一条经验性规律，其所依据的基础比大部分经济学的概括都要巩固。在各个时期和世界的各个地方，统计学家们已经在劳动在整个产量的应占比例份额方面，找到了一种值得注意的不变性。[①] 学院派经济学家和马克思都预期的，在繁荣和衰退之间，很长时期内随着技术变化而发生的各种先验变动，没有在图表中出现。

马克思的理论可能提供这样的说明，即工会力量的快速发展

① 英国和美国的证据，已由卡莱茨基先生述其梗概，参看其《论文集》，第14至18页。

恰好足以阻止剥削率随着劳动生产率提高，同时学院派理论指出，垄断的长期增长已经抵消了原料价格的相对下降。[①] 两者的说明都有点儿不足，而不变的相对份额之谜，仍然是理论经济学的一种耻辱。

① 米哈尔·卡莱茨基：《论文集》，第33页。

第十章　实际工资与货币工资

正如我们所知道的，现代的学院派经济学，已经离开了传统的正统派而向马克思主义方向发展。但在一个领域内，这种发展是朝着相反方向的。在货币工资变化和实际工资变化的关系问题上，以及实际工资的变化和就业变化的关系问题上，马克思和正统派站在一起，反对现代理论。

一般来说，在正统派的体系中，下面的观点被认为是理所当然而无须多想的，即雇主和雇工之间通过议价产生的货币工资率的提高，必然会引起实际工资率或多或少的提高[①]，而实际工资的增长会导致就业的减少。在任何一个工业部门中，当工人的货币工资提高时，他们就会得到较高的实际工资，因为，即使这个工业部门的产品由工人消费，随着工资成本的提高造成的价格上涨，只会使货币购买力稍稍降低，因此，在该工业部门工作的工人会得到好处，而相抵消的损失则会轻微地分摊在社会其余人身上。再者，在一个国家内，货币工资的全面上涨，即使它会带来国内物价的相应上升，最初进口货物的价格也会保持不变，从而会导致国内

① 参看庇古：《实际工资率和货币工资率与失业的关系》，《经济学杂志》，1937 年 9 月，第 405 页。

实际工资的上涨。正统派经济学家看来没有再对这个问题做进一步的探究，并且似乎没有提出这样一个问题，即当一个没有国际贸易的闭关自守的国家，其货币工资全面上涨时，会发生什么事情呢？

他们的回答应该是什么，这是毫无疑问的。根据正统派的完全竞争理论，在一个闭关自守的制度中，边际直接成本等于边际工资成本。所以，全部货币工资的等比例上涨，肯定会导致一定比例产量的价格水平的等比例上涨。由此可见，除非有什么东西改变产量的比例，否则，如果货币工资上涨时，实际工资会保持不变。但是，在正统派的著作中，没有发现这一命题。相反，人们总是认为，货币工资议价决定着实际工资，直到凯恩斯挑战了这个理论，人们才着手对这一问题的讨论。①

实际工资的上涨被认为在短期内会减少产量（尽管这里的论点相当模糊），并且被认为在长期内会鼓励以资本替代劳动，从而减少每单位产量的就业。因此，人们认为，工会由于拒绝接受与总劳动力的边际产品相等的工资，会引起一部分劳动力的失业，从而推翻了放任制度天然的自我调整机构，而这种制度据说在没有干涉的条件下可以保证充分就业。

马克思甚至比正统派经济学家走得更远，因为他明确主张，货币工资的上涨不会对一般价格水平产生影响。“工资普遍提高时，所生产商品的价格，在可变资本占优势的产业部门将会上涨，但在

① 挑战是由庇古教授发起的（《失业论》，第 101 页），但他后来对这个问题的论述（《就业与均衡》），实质上和凯恩斯的论述是相同的。

不变资本或固定资本占优势的产业部门将会跌落。”①

马克思理论的主要观点是：当后备军减少而工人的议价地位增强时造成的工资上涨，应当说是实际工资的上涨，而不仅仅是为价格上涨所抵消的货币工资的上涨。正如我们所知道的，他坚持认为，劳动后备军呈现周期性伸缩的趋势。当资本量相对于劳动供给而言较大时，失业率就会降低而工资则上涨。工资的上涨会减少剩余，并且使积累率放慢。相对于资本量的增长，那时的后备军(它因人口的自然增长和供资本主义剥削的新领域的开辟而)有时间增长，同时节约劳动的新发明会减少一定资本量提供的就业量。这样，失业就开始增加了，而工资再度下降。马克思把这个循环看作是和每十年一次的商业循环相同的东西。②

这种等同是一个错误。商业循环的危机以总产量下降为标志，但在马克思的循环中并没有生产量的下降点。在他的计划中，总产量由资本量决定；实现剩余的问题没有发生，也没有有效需求不足的问题，并且在马克思的这部分理论中，萨伊法则具有无可争辩的支配地位。当实际工资上涨，资本的积累率(由剩余数量支配)放慢了，但总产量、工资品和资本品全都没有下降。如果技术

① 《资本论》第二卷，第 393 页。这里马克思显然想的是长期。他的观点是，当工资上涨时，最初的价格保持不变，因而利润下降的量就是工资上涨的量。因此，在那些工资成本占总成本比例最高的产业中，利润率下降幅度最大。所以，这些产业收缩了，同时利润相对提高的产业则扩充起来。所以，第Ⅰ部类工业的价格上涨，而第Ⅱ部类工业的价格则下降，直到利润率在整个产业中按新的较低的水平恢复均衡为止。如果这种解释是正确的，那么整个论证都是基于假设它需要证明什么。它详细说明了实际工资上涨的结果，但丝毫没有说明实际工资会上涨。

② 《资本论》第一卷，第 646 页。

保持不变，虽然发生了可用劳动的相对增加，就业总量也保持不变；同时，随着发明的出现，就业总量会逐渐下降，因为旧机器被需要较少劳动来生产一定产量的新机器所取代。这与商业循环完全不是一回事。这种不同的产生，是因为在马克思的计划中，积累率的下降是由于储蓄资金的下降，而不是由于投资诱因的减少。[①]

在现实中，可能存在着马克思所分析的那种类型的循环。但如果有的话，其所需时期肯定比十年一次的循环周期（他本人在另外的文章中，把它与投资率联系起来）长得多，因为它取决于资本量的变化和资本量构成的变化，而这些变化肯定要比标志着商业循环的投资率变化慢一点。马克思关于长期循环的作用还没有被统计学家发现，因为，如果它存在的话，它会淹没在商业循环更剧烈的运动中，并且被科学进步所带来的发明的突然出现所扰乱，被战争、地理大发现和其他大规模的偶然事件所扰乱，这些都与劳动的稀少没有直接联系，或者无论如何，不能把它们与劳动的稀少简单地联系起来。

把这种在受萨伊法则支配的世界中可能被找到的长期循环与有效需求的短期循环相混淆，说明马克思对待消费不足问题的态度模棱两可。有时他接受了萨伊法则，有时则否定它。吸收了萨伊法则的说法，有效需求占优势地位，于是工人的贫困看来是一切真正危机的最后原因了。由此推论，通过增加工人的消费能力就能解救危机吗？排除萨伊法则的说法，答案是否定的。在总产量

① 如上文所指，马克思在文章中写道，“劳动力价格上涨，使利润刺激锐减，以致积累减弱。”但是，这种对投资动机的引用，与其他论点不一致，必须被视为打破惯用常识的一个孤立例子。

一定的情况下，实际工资的增长意味着利润减少，而利润减少，再回到这种说法，就意味着危机。

当马克思急于指出，货币工资的变化不会引起价格水平的变化，而是剥削率的变化，他似乎与自己的理论，即实际工资的上涨必然会引起产量的下降，是矛盾的。

“由于工资提高，工人对必要生活资料的需求会增加。他们在极小的程度上增加了对奢侈品的需求，或者说，在极小的程度上产生了对原先不属于他们消费范围的物品的需求。对必要生活资料的需求的突然的更大规模的增加，无疑会暂时使必要生活资料的价格提高。结果是：在社会资本中用来生产必要生活资料的部分将增大，用来生产奢侈品的部分将缩小，因为奢侈品的价格由于剩余价值的减少，因而资本家对于奢侈品需求的减少而跌落。反之，如果工人自己购买奢侈品，他们的工资的提高——在购买奢侈品的范围内——并不会使必要生活资料的价格提高，只会使奢侈品的购买者发生变换。奢侈品归工人消费的数量比以前增加，而归资本家消费的数量则会相对地减少。如此而已。经过几次波动以后，就会有和先前价值相同的商品量在流通。”①

这里并未涉及对投资品的需求，但显然马克思正视了投资持续达到剩余下降所允许的程度，因为他谈到了新资本正在从奢侈品工业转向工资品工业。为了完成这幅图景，他应当指出，资本品产量和奢侈品产量一样，随着剩余的下降而减少。但资本家支出的下降，在奢侈品和资本品上的支出一起下降，正好被工人支出的

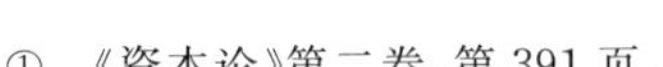

① 《资本论》第二卷，第391页。

增加所抵消，而且并没有这样的暗示，即实际工资的增加会减少总产量。这方面的理论与他产业后备军长期变动理论相一致，恰恰因为，在这一理论和关于后备军的理论中，有效需求的问题被排除了，而萨伊法则生效了。由于同样的原因，这种理论同工资上涨引起危机的理论是不一致的。

马克思知道这种论点，即货币工资的全面上涨（在一个闭关自守的制度中）只会提高价格，并且使实际工资保持不变。但他对此做出了一个非常无力的回答："如果资本主义生产者可以随意将他们的商品价格提高，那么，即使在工资没有提高的情况下，他们也能这样做，而且会这样做。"① 这恰如原棉价格的上涨对棉纱价格没有影响的说法一样使人信服。在竞争的条件下，没有一个生产者能提高他的价格，除非所有人都这么做。但如果所有人的成本提高了，所有人都会提高他们的价格。马克思接着写道："资本家阶级永远不会反对工联了，因为他们总是……利用工资的每一次提高而在更大得多的程度上提高商品价格，从而把更大的利润放进自己的腰包。"② 这种理论忽视了资本家之间的利益冲突。每个资本家因他对手支付的工资上涨而获益，并因他本人必须支付的工资上涨而受损。每个集团在反对必须打交道的特定工会上有利害关系，但不能因为每个集团在低工资上各有利害关系，而由此得出结论说，所有集团集体地都因工资上涨而遭受损失。

对在工资和物价的"恶性螺旋形"阴影下长大的这一代人来

① 《资本论》第二卷，第 392 页。在《价值、价格和利润》一书中也提出了同样的理论。

② 同上书，第 392 页。

说，马克思关于货币工资的上涨使物价保持不变的观点，断然有违常识。然而，他之所以采用这一观点，是容易理解的。工资的上涨会引起相应的价格上涨的观点，正被用来证明工资议价不可能影响实际工资，因而“工会具有有害影响”。[①] 所以，马克思有强烈的动机来赞同工资不会影响价格的观点，并且因为这是当时正统派的主张，所以他接受这一主张并无困难。

自从他那个时代以来，情况已经完全改变了。在 1930 年，工会主义的反对者坚持认为，衰退的主要原因是工人顽固地拒绝接受工资的削减。如果工资的上涨没有提高价格，则工资的下降也不会降低价格。成本的削减会增加利润，并使工业活动的轮子再度转动起来。凯恩斯以下述理论反对这种见解，即工资的削减会因价格的下降而成为徒劳无益的事，他认为工会“天生是比古典派更明白事理的经济学家”[②]，因为它们利用衰退条件让它们掌握的任何权力来反抗工资的削减。不能想象马克思会读到麦克米伦关于财政和工业报告的附录部分，也不能想象他会感到格里高利教授比凯恩斯与他更意气相投。

但问题不能由于意气相投而得到解决，而且精确分析货币工资变化对于就业的影响，是非常复杂的。在完全竞争的条件下，所有工资的等比例变化（在一个闭关自守的制度内），肯定会导致一定产量的价格水平的同比例变化。但实际上，完全竞争并不普遍，并且工资的变化可能会改变价格对直接成本的比例。许多价格

---

① 《马克思恩格斯通信集》，第 83 封信。

② 凯恩斯：《就业、利息和货币通论》，第 14 页。

没有立即对工资成本的变化做出反应，在房租上一般也是如此，房租在决定货币工资的实际价值方面起着非常重要的作用。所以，认为货币工资的提高会正常地导致实际工资的某种提高，至少在货币工资提高后的某一时期内是如此，这种观点似乎是有道理的。[①]

但正统派理论的下一步绝不是明显的。工资比利润更充分地用于消费，而把购买力从资本家转移到工人，往往会刺激对消费品的需求，从而有助于增加就业。[②] 为了反对它，人们可能会说，投资的诱因会因为工资的上涨而减少，所以投资品工业中的就业会下降。这在房屋建筑中大概确实是如此，那里由于实际工资的提高，需求的扩大不可能抵消更高成本的影响，而在设备历时长久的其他类型企业中，大概也确实如此。另一方面，工资品工业的设备投资也可能受到刺激。

由于价格上涨对于食利者阶层和企业家之间利润总额分配的影响，问题进一步复杂化了。[③] 价格上涨减轻了固定在金钱上的债务负担，而这会刺激投资。[④] 另一方面，食利者阶层的收入，比

① 在以前没有工会的地方，工会的创立，可能由于把独买利润挤出来，而在提高实际工资上发生重大的影响。这种影响往往决定于“共同规则”的推行。（参看拙著《不完全竞争经济学》，第295页。）

② 参看米哈尔·卡莱茨基：《论文集》，第84页。

③ 马克思习惯于把资本家当做一个单独的阶级，并且强调他们和工人之间的斗争。凯恩斯的理论揭露了食利者阶层和企业家之间的次要斗争，在这种斗争中工人站在企业家一方。在通货过度膨胀的条件下，这种斗争会显著地表面化，而在战时通货膨胀的条件下，当固定收入阶级比社会上其余部分的人遭受更多的损失时，会发展到较小的程度。

④ 参看米哈尔·卡莱茨基：《论文集》，第106页。

包括各公司的整体储蓄在内的净利润更充分地被用于消费，以致不利于食利者阶层的实际利润总额的再分配，可能会限制消费。[①]所以，这两方面的其中任何一方面都可以证明再分配对就业的影响。

因此，这种理论不是没有争论余地的，但它至少表明，不能支持马克思和正统派经济学家都坚持的观点，即工资的上涨必然会引起就业的下降。

凯恩斯学派的工资观点和马克思学派的工资观点之间的关系是很奇妙的。马克思和正统派经济学家认为，货币工资的上涨会引起实际工资的上涨，而实际工资的上涨会引起失业。凯恩斯先生认为，货币工资的上涨对实际工资几乎没有什么影响，但是实际工资的上涨会增加就业。双方都同意，在危机时期货币工资的上涨没什么用处，马克思之所以同意是因为他认为它会提高实际工资，而凯恩斯之所以同意是因为他认为它不会提高实际工资。但是，他们对于危机中货币工资下降的影响，看法不一致。马克思认为，货币工资的下降会带来暂时的缓解，并使扩充“在资本主义范围内”恢复起来[②]，而凯恩斯认为，它只能带来危害。这个问题最后只能通过详细的统计调查得以解决，但在19世纪30年代，不成熟的验证肯定是站在凯恩斯这一方，因此许多过去深信削减工资是治愈衰退条件良方的人都不再抱有幻想了。

① 参看米哈尔·卡莱茨基：《论文集》，第87页。

② 《资本论》第三卷，第299页。

第十一章　动态分析

上述理论留下了一连串的问题，对此，马克思和古代的或现代的学院派经济学家都没有提供令人满意的答案，而且这种理论让人们对经济知识目前状况的印象，并不特别好。经济理论的一般命运是与历史进程进行无胜利希望的赛跑，而且从未在经济发展一个阶段被另一个阶段取代之前，完成对前一阶段的分析。看来很有可能这种命运会再度发生。但是，如果时间允许，这些问题应当会得到解决。

突出的问题可以分为两大类：那些关于社会产品的分配问题，以及那些关于产品的量的问题。利润率的问题属于第一类，正如我们知道的，与实际工资和货币工资之间关系的复杂问题一样，现代理论具有很强的不可知论色彩。

这些问题是难对付的，但它们可以在实地调查和统计研究的结合下得到解决。理论和实际调查的分离，对学院派经济学家来说是一个长期存在的耻辱，而之所以有这种分离，主要原因是理论家对于均衡条件的诸定理有一种先入之见的看法，对于这种看法，现实世界的证据不能解决。已经有迹象表明，只要理论家提出可以解答的问题，统计学家无须对寻找答案感到失望。

如果利润率的问题能够解决，就可以把各阶级间收入分配的一个主要影响因素隔离开来，为调查资本利润率的支配因素铺平道路。然而，这种分析有可能不能揭露不变的相对份额的奥秘，而且需要一个完全新的方法来解决它。

有关生产总量的问题可以分成两项——可能的产量和有效需求。第一项问题被生产要素的供给和技术支配。自然资源和劳动供给的研究，涉及整个帝国主义的问题，马克思对于这种研究给予的提示，被后来的马克思主义者详细阐述，并需要用现代的分析加以检查。资本供给的研究，涉及影响每一个今天尚未解决问题的一些理论问题。推翻正统派关于资本的均衡供给价格的观点，在我们的分析中留下一个大的缺口，而试图用一个可替代的抽象理论来填补似乎是徒劳的。这个问题必须像马克思那样用历史的方法加以探讨——任何时候资本量都是不久的过去和遥远的过去发展的结果，而现存的资本量是决定其本身增长率的一个重要因素。

在学院派理论中，技术知识通常被当做任意的数据，但马克思认为，它在很大程度上受劳动供给和资本供给之间的关系影响，这显然是正确的。这里，从历史上探讨是最有希望的。在正统派理论中被详细阐述的要素价格——利息率和实际工资水平，它对技术的影响也必须用实际的方法来研究。

有效需求的问题，可以在凯恩斯主义的消费倾向和投资诱因的范畴内加以考察。首先，主要影响是收入分配，但与这个问题有关的还有其他要素，而消费者需求的整个自然史，需要加以研究。

投资诱因涉及利息率的问题。首先，我们需要知道，复杂的利息率是如何对各种情况和各种政策做出反应的。其次，投资是如何对利息的变化做出反应的。正统派夸大利息率的重要性，而马克思则完全忽视利息率，我们只能通过实际研究来探求两者之间真正的均衡。

负债的问题和一个公司的自有资本与向外借款之间的关系，也包含在投资诱因的问题中，而且各国的法律体制与财政惯例对此有重要影响。其中最为重要的是，必须确定当时利润与预期利润之间的关系，以及预期利润和投资诱因之间的关系。在这里，统计学家们遇到了一个巨大的难题，因为投资率的增长会引起利润率的增长，同时利润率的增长会引起投资率的增长，所以证据很难或者不可能清理出来。对未来的预期，在投资的因果关系中引入了一个主观因素，这一因素不能被排除，或是化为简单的客观因素，而且人类从经验中获得知识的事实（虽然不一定正确），意味着历史本身是对历史发生影响的一种力量。所以，投资诱因的问题可能永远不会完全解决。但至少有这样一种希望，即我们对它的无知是可以逐渐减少的。

凯恩斯在《就业、利息和货币通论》中提出的短期有效需求变动的理论，已经取得了很大进展。马克思主要关注长期动态分析，而这一领域中的大部分还未有人涉猎。同均衡观念有密切联系的正统派学院式分析，对此没有做出贡献，而现代理论尚未很好地摆脱短期的桎梏。实际工资和利润率在长时期内的各种变化、资本积累的进展、垄断的消长，以及技术变化对社会阶级结构的大规模反应，都属于这个领域。

无论马克思在细节的解决上多么不完备，他还是着手于完成发现资本主义运动规律的任务，而如果在经济方面进展还有希望的话，那么这种希望一定存在于用学院派的方法来解决马克思提出的问题上。

图书在版编目(CIP)数据

论马克思主义经济学/(英)琼·罗宾逊著;邬巧飞译.—北京:商务印书馆,2024
(汉译世界学术名著丛书:120年纪念版:珍藏本:增订本)
ISBN 978-7-100-23835-9

Ⅰ.①论… Ⅱ.①琼…②邬… Ⅲ.①马克思主义政治经济学—研究 Ⅳ.①F0-0

中国国家版本馆CIP数据核字(2024)第080191号

汉译世界学术名著丛书
(120年纪念版·珍藏本·增订本)
论马克思主义经济学
〔英〕琼·罗宾逊 著
邬巧飞 译

商务印书馆出版
(北京王府井大街36号 邮政编码100710)
商务印书馆发行
北京新华印刷有限公司印刷
ISBN 978-7-100-23835-9

2024年5月第1版 开本710×1000 1/16
2024年5月北京第1次印刷 印张7
定价:40.00元